运筹多空策略
捍卫金融疆土

一场没有硝烟的战争已经打响！
谁将成为最后的王者？
谁能捍卫中国的金融疆土？

基金风云录 1

——蓝海密剑中国对冲基金经理公开赛优秀选手访谈录 2020

王亮亮　沈　良　刘健伟　主编

东航金融　七禾网　出品

图书在版编目（CIP）数据

基金风云录. 1，蓝海密剑中国对冲基金经理公开赛优秀选手访谈录 2020/王亮亮，沈良，刘健伟主编. —北京：地震出版社，2021.3

ISBN 978-7-5028-5303-7

Ⅰ.①基… Ⅱ.①王… ②沈… ③刘… Ⅲ.①对冲基金—投资—经验—中国 Ⅳ.①F832.48

中国版本图书馆 CIP 数据核字（2021）第 014487 号

地震版　XM4849/F（3030）

基金风云录 1——蓝海密剑中国对冲基金经理公开赛优秀选手访谈录 2020

王亮亮　沈　良　刘健伟　主编

责任编辑：范静泊

责任校对：凌　樱

出版发行：地震出版社

北京市海淀区民族大学南路 9 号　　　　邮编：100081
发行部：68423031　　68467993　　　　传真：88421706
门市部：68467991　　　　　　　　　　传真：68467991
总编室：68462709　　68423029　　　　传真：68455221
证券图书事业部：68426052　　68470332
http://seismologicalpress.com
E-mail: zqbj68426052@163.com

经销：全国各地新华书店
印刷：北京市兴星伟业印刷有限公司

版（印）次：2021 年 3 月第一版　2021 年 3 月第一次印刷
开本：787×1092　1/16
字数：238 千字
印张：15.75
书号：ISBN 978-7-5028-5303-7
定价：48.00 元

版权所有　翻印必究

（图书出现印装问题，本社负责调换）

《基金风云录 1》编委会

主编：王亮亮　沈　良　刘健伟
编委：顾姗姗　翁建平　顾小艺　钱灵杰　唐正璐
　　　李　烨　傅旭鹏　朱洪烨　李晓彤　李　珍

序

2020年是中国期货市场建立的第30个年头，深化改革、扩大开放步伐继续加快，全年累计上市12个新品种，国内期货和期权品种达到90个，其中国际化品种已有6个。受年初疫情爆发影响，全球金融市场动荡加剧，海外WTI原油期货亦曾出现"负油价"等极端行情，市场多元化避险需求不断提升。

在这一年里，多层次资本市场的基础性制度全面完善，各领域均迎来关键制度创新，中国私募基金总管理规模已近16万亿元，较上一年度增长超过2万亿元。2020年"蓝海密剑"再度重磅升级，隆重推出中国私募基金创富榜，多元展示各私募基金市场策略，感谢七禾网沈总的提议，本书编委会也将《期货英雄》系列访谈特别升级为《基金风云录》系列访谈。

每满十二年，生肖更替一轮，已至第十二届的"蓝海密剑"也步入崭新阶段：选手年度总盈利突破20亿元大关，再次诞生3位过亿"元帅"选手，最高个人盈利选手资金规模冲击5亿元，以"蓝海密剑"优秀选手组建的各级孵化产品均有不俗表现。

时间是记录事物发展的最客观因素，"蓝海密剑"是国内少有持续记录历史、以连续累计盈利颁发奖项的实盘比赛，自2008年以来，"蓝海密剑"系列赛事通过长周期科学选拔，每年都涌现出百余交易风格各异的优秀获奖机构与选手，正因为有了这些年连续的统计，我们从数据中也喜见选手们精进交易的持续增长，更易看清行情波动与交易者群体的行为规律。

由衷感谢"蓝海密剑"期货精英们和"创富榜"等获奖机构的无私分享以及编委们几个月来对访谈精心的整理，祝愿各位读者都能从本书中得到收获与启发。大家读到此书恰逢农历牛年，希望能在日益蓬勃的市场中体会"牛气冲天"的力量。

王亮亮

2020年12月于上海

目 录

《基金风云录1》寄语 ·· 1

孙成刚：做透研究，看到未来，盈亏皆在预料中 ·················· 9

林庆丰：轻仓+顺势，连续8年稳定盈利 ···························· 17

理发师章位福：用稀缺的短线策略争取月月盈利 ·················· 25

林智彤：做交易，重要的不是我研究什么，而是市场关注什么 ··· 47

"宝山闲人"：做"找错交易"，账户10个月盈利近千万元 ······· 57

张野：只要短线还能盈利，我就会坚持做下去 ······················ 65

梅玉玺：这是一个既悲壮，又辉煌的行业 ···························· 73

方杭瑞：强驱动+好估值=安全边际 ··································· 89

张华国：尽量聚焦，专注到某一条产业链的品种去做 ·············· 103

谢海权：资金曲线证明我们走在正确的路径上 ······················ 115

宏锡基金团队：量化CTA行业 机遇大于挑战 ······················ 125

袁海堂：做投资最重要的是做到知己知彼和知行合一 ············· 133

王安：投资是一场长跑，尊重市场专注能力才能乘风破浪 ········· 143

郭小波：交易策略不是盈利的核心，交易思想才是 ················ 153

鼍石资产：盘后才看一小眼，年年却把复利点 ······················ 165

娟儿：我的盈利逻辑之一是拿的时间比较久 ························ 175

CTA精英孵化：敬畏市场，贴近市场 ································ 183

羲然投资：先不要追求收益率，要追求确定性 ······················ 189

卢鹏程：不要对抗价格趋势 聚焦标的本质驱动 ···················· 199

陈灏翔：复杂问题简单化，简单问题数字化，数字问题程序化 ··· 209

第十二届"蓝海密剑"中国对冲基金公开赛奖项公告 ············· 221

"蓝海密剑"2021中国私募基金创富榜参赛规则及相关说明 ····· 235

《基金风云录1》寄语

山量投资　徐佳佳：多年之前，学术界曾为有效市场假说争论不休，但几乎每个交易者来到这个市场时，都抱定战胜市场的信念。交易者是否能够长期战胜市场？"蓝海密剑"这项全年无休的经典赛事十二年来涌现出了一批在较长周期内拥有亮眼业绩的参赛选手，也给了这个问题一个积极的答案——《基金风云录1》之前出版的系列丛书"期货英雄"即为我们忠实记录了大赛优秀选手们交易理念的变迁过程。

十二年虽然很长，但也仅仅是中国CTA进化史的弹指一挥间。随着市场不断成熟，机构规模迅速扩大，人工智能大行其道，新的问题不断涌现。市场走势是否会越来越难以捉摸？独立交易者或者小型机构是否一定会输给大机构？主观决策相对量化规则对人工智能而言，其价值是否会逐步缩水？以趋势跟随为代表的经典CTA策略，生命力是否仍会像过去一样旺盛？我相信《基金风云录1》作为一个全新的开始，将为我们继续展现CTA投资领域在机构化时代中各种交易理念的激荡碰撞，而每个有志于在CTA领域有所作为的交易者，也一定能够从本系列中获益良多。

舒伟军：繁荣期货市场，服务实体经济，发掘期货人才。

"蓝海密剑"大赛自2008年至今已连续举办12届，作为中国期货届中赛事规格最高、持续时间最长的实盘大赛，为繁荣期货市场、发掘期货人才做出了应有的贡献，在中国期货界具有重要影响力。

大赛中每年涌现出大批"期货英雄"，有基本面大作手，有程序化高手，有人工高频专家，不一而足，大放异彩。同时，随着资管行业的快速发展，"去散户化"成为大势所趋，大赛又孵化出一批私募精英。

祝愿大赛越办越好，祝愿选手们越走越顺，祝愿英雄们永葆活力。

同时值此牛年即将来临之际，愿神州大地繁花似锦，祝祖国人民幸福安康！数期货精英，还看今朝！

与取投资　范浩："蓝海密剑"十二载，各路高手起风云，预祝东航金融"蓝海密剑"期货大赛越办越红火，打造投顾金平台，开启资管时代新篇章。

善行投资　小丹尼：2020年是不平凡的一年，面对新冠肺炎疫情和波诡云谲的国际形势，中华儿女万众一心，继续着中华民族新时代的伟大征程，令人感慨万千。

股票期货市场年初愁云惨淡，年底晴空万里，可谓精彩纷呈，我的交易也是一波三折，年初因为主观作祟亏损将近30%，好在自己及时调整状态，客观分析，冷静博弈，在朋友们的支持鼓励下很快扭转局面，把握住了下半年的大级别上涨行情，年底获得了不错的收益。

2020年，我的最大的感触是任何时候都要保持乐观，相信科学，从容应对——对个人对国家都一样。"蓝海密剑"实盘大赛已举办十二年，笃行致远，砥砺前行，感谢大赛组织者的长期辛勤付出，祝贺《基金风云录1》成功出版！

由势投资　胡珍珠：面对纷繁复杂、变幻莫测的市场，时刻保持警醒与敬畏之心，在变与不变中寻求自己的平衡点和制胜点，在不断学习和反思中保有革新自我的能力，以"存在即合理"的思想对待每一个品种，以博学之、审问之、慎思之、明辨之、笃行之的态度不断精进自我，优化交易体系。

期货市场犹如浩瀚无垠的星辰大海，以其强大的包容性承载着众多投资人的梦想和期许。"蓝海密剑"似投资人的"武林大会"，以比赛的形式呈现出各种技术流派。感谢"蓝海密剑"这个优质的平台为我们提供了一个如此专业的学习和交流平台，为我们打造一方展露本领、切磋武艺的天地。我同"蓝海密剑"共同走过了十二载风云，愿"蓝海密剑"这个平台能够一直熠熠生辉,陪伴更多的投资人,也相信《基金风云录1》能够给我们带来更多思想碰撞的火花。

芷瀚资产　李栋:2020是不平凡的一年,疫情的事件冲击叠加宏观周期轮动,造就了高波动的行情,量化CTA具有天然的危机友好属性,在板块轮动中成就了丰收的大年。衍生品交易叠加交易所成本最终是一个负和的博弈,虽然承载着实体风险转移的职责,但高度专业化的竞争决定了最终的二八定律。这也让专业的量化CTA机构相较于高收益更加关注风险管控,风险收益同源,多因子大样本的配置使得只有控制好极端风险边际,期望收益才会相对稳定。长期博弈后只有对市场的秉持敬畏之心,把尾部分布纳入常规风险管控,才能够获得长期稳定的绝对收益,这在海外CTA近40年的发展中已经被验证。CTA策略已经成为专业机构的标配,绝对收益的属性被更多人理解,这个历史进程包含了太多期货人的心血,"前人栽树后人乘凉",如今保证金破万亿指日可待,中国期货市场健康发展乘风破浪是时代的必然,这是期货人的幸运。

"蓝海密剑"至今已举办了12届,见证了中国期货市场蓬勃壮阔的发展历程,在此过程中涌现出许多期货英雄,他们的成功也激励着期货人永不言弃,在细分策略领域不断进取、追求极致。感谢"蓝海密剑"东航金融为期货行业做出的杰出贡献,作为标杆性的比赛平台,一定会越来越闪耀。

懋良投资　谈广荣:八年前我在交易的泥潭里挣扎时,机缘巧合中接触到"蓝海密剑"。交易高手们的资金曲线让我看到了长期稳定盈利的希望,通过对他们交易经验深入的分析和学习,我才建立了自己的交易体系,同时也在八年的参赛中逐步成长和蜕变,因此我对于"蓝海密剑"有着一份特殊的感情。祝"蓝海密剑"越办越好,《基金风云录1》顺利出版。

孙辉:期货一买一卖看似简单快捷,但其实是投资者在买入卖出的委托发出前对所选投资标的的深度思考——对价位的判断,对市场的研读,对供需关系的把握，和自己人性的弱点做斗争，还有获利前的煎熬。基于此，期货的魅力也体现得淋漓尽致。唯有开放、包容、客观、知敬畏且勇敢，才能看得准、行得远。

在2020年疫情影响下，大宗商品行情波澜壮阔，对此我年初时还有些许迷茫、徘徊，后来果断做空白银和铜，之后一路做多，有了不错的收获。投资市场只要活着就有机会，时刻准备着等"风"来——等属于自己的机会到来。

新的机遇，新的十年，祝福期货人投资顺利！也祝福东航期货基业长青！

陆权：要想持续稳定盈利，我觉得要做到以下几点。第一，做确定性的交易。何谓确定性？就是当前的价格是否反映供需矛盾，更为重要的是，有没有反映未来的供需矛盾；市场的定价有没有发生重大错误，如果发生重大错误，那就是一个确定性的交易机会。第二，仓位管理。什么样的仓位是合适的？每个人的风险偏好是不一样的，"合适"的标准就是你拿着头寸心里很笃定，不会因为明天的涨、跌而影响心情。但是总体而言，能轻仓尽量轻仓——轻仓总能给你盈利，而重仓会让你不断"割肉"而失去本应大赚的仓位。第三，结合生活，深入了解、磨砺、完善自己的性格，让自己的性格与交易风格相吻合。第四，不断反思。当交易失败时，不要埋怨行情或者所谓的主力，而要反思自己的逻辑判断、交易是否遵循自己的系统，这套系统是否需要完善。

金森波：期货生涯好似人生的一个加速版，一天可能会经历本应几年的过程，坚持当下，需要在保持耐心、忍受孤独、磨砺韧性、控制情绪等方面修炼功力。抓住机会在于精而不在于多。

简单即美好，我们愿意坚持简单的逻辑、简单的思维，致力于寻找简单中的不平凡。祝"蓝海密剑"越办越好，《基金风云录1》顺利出版！

宣以麟：在国内金融市场大力度对外开放的环境下，无论是债券、股票还是期货市场，都迎来了前所未有的历史性机遇。

2020年初，全球被新冠肺炎病毒的阴霾笼罩，全球股市、商品和非美货币遭受重挫，甚至有些创下了十几年来的低位。随着疫情得到控制和疫苗研发成功，国内资本市场也迎来了大幅反弹。

预计2021年随着全球经济进一步好转，更多行业将会复苏，甚至有些企业将实现"弯道超车"，拥抱核心资产，坚守价值投资理念，仍将是未来几年的主线，尤其是部分商品在供需失衡的双轮驱动下，行情将出现暴涨。

99%的利润来自5%的交易，深入的分析研究、好的资金管理和风险控制以及杠杆的灵活运用是交易的"三驾马车"。

祝愿"蓝海密剑"大赛蒸蒸日上，前程锦绣。

张毅：2020年是个特殊的年份，一场疫情打乱了大家原有的生活。期货市场也因此跌宕起伏，行情从年初大跌到接近年尾的大涨，不少品种陆续创下了阶段性新高。这样的行情，估计很少人能想到吧。说实话，我是看空今年行情的，但判断与现实大相径庭。期货就是这样，当自己的判断与行情不吻合时，技术就显得重要了，如何管理好自己的财富是门学问，说起来容易，做起来难，这些经验都要在实战中不断积累。

这个市场没有"战神"，没有常胜将军，我们能做到盈多亏少就可以了。当你在盈利时，就有人在亏损，在这个零和市场里，能生存下去就行。不要羡慕别人的暴富，又有几个人能做到？当自己有暴富心理时，往往"死神"更容易眷顾你；做好自己，稳扎稳打，也许会成为"常青树"。时间过得真快，新的一年又要来临了，希望通过"蓝海密剑"公开赛涌现出更多的精英，也能让更多衍生品市场的投资管理人才走向成熟。

刘卫新："蓝海密剑"是自2008以来无间断超长周期的期货实盘赛事，记载着十余年各路期货精英的在此角逐奋战的历程。期货市场其实就是一个江湖，你在这里可以看到很多派系，也可以看到很多"武功绝学"，我们期货人不但要在市场中学习，还要从同行中优秀的交易者身上汲取营养，这样才能不断优化升级、磨砺自身。感谢"蓝海密剑"提供这样的平台，衷心祝愿"蓝海密剑"越办越好。

张恒梁：2020年注定是不平凡的一年，上半年严峻疫情的影响和下半年黑色多头的持续发力，导致期货市场风云突变，也就要求每位交易员面对这种极端行情时更要严格止损，不要抱侥幸心理，对市场更加敬畏，对市场行情判断更加精准。只有这样，我们才能在期货市场活得更长久。

非常感谢"蓝海密剑"给了我们交易员一个非常好的学习、交流平台，有幸和各位一起成长，祝大家在未来获得更好成绩，也祝"蓝海密剑"实盘大赛再创辉煌！

姜红妤：在此我向2020年度"蓝海密剑"的期货英雄们致敬——致敬你们非凡的勇气，谦卑的智慧，科学的决策，为你们取得骄人的成绩而高兴；同时还要向那些认真在期货市场上耕耘，探求期货市场规律，但暂时没有取得骄人成绩的平凡人致敬——致敬你们不问成败。"淘尽千古风流人物"，是否"成败转头空"不好妄言，但经济规律不会改变并将永存，我们对其可以客观地认知。加油，上榜和未上榜的期货英雄们！

王卿：由于2020年初的疫情，央行大肆放水，资本寻找出路，导致大量资金涌入资本市场，年初甚至还有上市公司老板带头炒期货的新闻。这些都意味着现阶段的期货市场有很大的存量资金。

有资金就会出行情，无论是上升的还是下跌的用我做的趋势量化模型分析并不需要人为主观地判断多或空，只要有趋势，就肯定能抓住——这就是我赚钱的机会。所以多空预判并不是我关心的对象，也不是我这个量化交易者工作的核心所在。我只要做到坚持自己的交易模型，用平和的心态享受量化投资带来的可观收益，时时刻刻把风险控制放在首位即可。

"蓝海密剑"是一个非常好的平台，给众多优秀交易者提供了机会，也见证了我的成长——从一个期货"小白"到拥有自己的交易模型。模型运行至今，我对它们的稳定性有充分的信心，我可以放心地去坚持，所以明年我的整体交易主体不变，操作理念依旧是多品种、多策略、多周期；资金分配方面继续以商品期货为主，选择成交量大、流动性高的品种，平均分配资金。

祝愿"蓝海密剑"越办越好！

孙成刚：做透研究，看到未来，盈亏皆在预料中

(2020年3月19日　顾姗姗访谈整理)

孙成刚

复旦大学经济学博士，知名财经作家。擅长价值投资与行为分析，拥有近30年股票投资经历，获得第十一届"蓝海密剑"中国对冲基金公开赛基金组第一名，盈利过亿，两个参赛账户分别获得"元帅"及"五星上将"头衔。长期致力于证券市场投资理论的研究，先后创作证券投资、宏观经济等方面分析文章数百万字，曾出版《亿元之路——股市赚上100倍》《十年二十倍》《新人性》《出师》等专著。

精彩观点：

要想做到胜率100%的投资机会，核心在于做透研究。只有把功课做足，

了解了前因后果，能预料到未来的场景，才能有胜算，所以，研究是投资盈利的基础。

股市中最大的收获是形成了自己的一套投资体系。我的投资体系可以简单概括为：价值投资、行为分析，做透研究，看到未来。

在期货市场投资，做透研究就是看懂当前的供求、未来的供求，理解价值规律，能预料到未来某一时刻的市场状况。

行为分析，可以提供最佳的进出时机，你得知道市场的偏好、资金的动向，你得知道它什么时候会立刻就涨——这些，都可以通过行为分析得出结论。

股市和期货在选择品种、进出时机方面是相似的，最大的差异是仓位的控制。股票可以满仓，甚至可以使用杠杆买进，但期货不可以。因为期货是保证金交易，本身就有很高的杠杆，所以一定要注意仓位的控制。

未来20年，外资会源源不断进入中国市场，好的股票会变成稀缺资源，所以，逢低买进中国的股指期货，是一种不错的策略。

问题1：孙博士您好，感谢您和东航金融及七禾网进行深入对话。您获得了第十一届"蓝海密剑"中国对冲基金公开赛基金组第一名，并夺得"元帅"衔级(盈利1亿元及以上)，听闻您是2017年初开始进入商品期货市场的，您是如何在不到3年的时间获取高额回报的？您有哪些盈利心得可以分享给投资者朋友？

孙博士：我虽然进入期货市场的时间比较短，但我有27年股票投资的经验。不同市场的道理都是相通的，其实，无论股市还是期市，投资盈利都是要做确定性的东西，努力去做盈利概率接近100%的投资机会，胜算就会比较大。

要想能做到胜率100%的投资机会，核心在于做透研究。只有把功课做足，了解了前因后果，能预料到未来的场景，才能有胜算。所以，研究是投资盈利的基础。

问题2：您夫人2020年获得了我们蓝海密剑基金组第三名，并夺得"五星上将"衔级(盈利5000万元及以上，1亿元以下)，可谓双喜临门，您觉得您夫人的盈利秘诀是什么？

孙博士：她交易的品种跟我有相似之处，但她喜欢浮盈加仓。这个做法，我是不赞成的。因为赚钱快，赔钱也快。期货投资，研究是基础，而一旦决定入场，则仓位控制是第一位的。轻仓，虽然赚钱不多，难以暴利，但最起码能保证本金的安全，能避免太大的回撤。所以，我倾向于仓位轻一点，一般不超过3成。

问题3：目前国内有多种实盘大赛，"蓝海密剑"也是其中之一，您觉得"蓝海密剑"有什么特别之处吗？请谈谈参赛感受，并对我们大赛提一些宝贵的建议或意见。

孙博士：我报名参赛是想跟市场中的高手比较一下差距。看到以前高手的超高利润率，我觉得望尘莫及。另外，参赛者之中有的人水平很高，我曾比较深入地研究过安宁等几位高手的投资模式，有些还是看不透。大赛组委会如果能组织有关他们的投资策略的访谈就好了。

问题4：您早在1998年就出版过《十年二十倍》，主要讲述您对股市操作的理解，如今过了20多年，您在股市上获得的最大收获是什么？

孙博士：**股市中最大的收获是形成自己的一套投资体系。我的投资体系可以简单概括为：价值投资、行为分析，做透研究，看到未来。**

无论是股票还是期货，坚持价值投资都是根本，所以我从来不做技术分析，只做基本面研究。股票，要看透公司；期货，要看透供求。做好基本面研究，还要追求利润最大化，行为分析是保障。做透了研究，可以看到未来，盈亏都在预料中，心态才会平和。

问题5：您把投研体系归纳为"做透研究，看到未来"，可以给我们分享一下您是如何做研究，又是如何把握未来的？

孙博士：**在期货市场投资，做透研究就是看懂当前的供求、未来的供求，理解价值规律，能预料到未来某一时刻的市场状况。**

比如，铁矿石价格在450元以下的时候，港口库存还是1.5亿吨，那么大的库存根本不支撑价格上涨，但是，通过各种资料的搜集和研究，我们能预料到未来某一时点港口库存将降低到1.2亿吨,那么由此你就要预测在1.2亿吨时的市场矛盾,预料到届时的市场价格。如果能预料到届时价格会到700元以上,则可在450元左右买进做多,坚定持仓做中线。

问题6: 您认为价值投资中行为分析很重要,请问您是如何在期货市场上运用这一理念的?

孙博士: 价值投资,是看自己选择的品种是否具有绝对的安全性。很多有安全性的品种,却未必会涨。比如,估值10倍的股票,看起来很便宜,按照价值投资理论当然可以买。但如果你买进之后它3年不涨,岂不是浪费时间?所以,**行为分析,可以提供最佳的进出时机,你得知道市场的偏好、资金的动向,你得知道它什么时候会立刻就涨。这些,都可以通过行为分析得出结论。**

价值投资,帮助我们选择好的品种;行为分析,帮助我们选择好的时机;二者结合起来,胜算更大。

问题7: 在策略和交易思路上,您觉得股市和期货有何异同?

孙博士: 股市和期货在选择品种、进出时机方面是相似的,**最大的差异是仓位的控制。股票可以满仓,甚至可以使用杠杆买进,但期货不可以。因为期货是保证金交易,本身就有很高的杠杆,所以一定要注意仓位的控制。** 我早期做期货,资金都是用完的,跟做股票一样,结果损失惨重,这次比赛中,回撤一度很大,后来我才明白,仓位一定要轻。

问题8: 您对商品是如何做基本面研究的?一般对1至2个品种做深入透彻的基本面研究需要耗费大量精力及时间,您对这么多品种都有涉猎,是如何做到对这么多品种同时关注的?

孙博士: 做股票,我会在上千个股票中选择合适的几只买进,期货投资的道理也是一样。如果我们的投资理论是相对稳定的,只需要关注商品的供求关系,预测一下未来的供求,就能判断未来的价格方向。所以,抓住主要矛盾,可以举重若轻。

问题9: 您认为技术分析都是无效的,那么在做交易过程中,技术面的信号到底值不值得参考?

孙博士：我做过非常深入的技术分析的量化统计，最后确定任何技术指标都是完全无用的。所以，我完全不看技术信号，因为完全不值得参考。很多高手说是技术派，其实根本不是，他们盈利，靠的是盘感和资金控制，是伪技术派。我可以断言，任何纯粹的技术派在期货中都绝不可能取得最终的成功。

问题10：市场上有种通俗的说法，分为左侧交易与右侧交易，比如某个品种价格低到您认为可以买进，您是越跌越买，还是等到它出现了反转的信号后再买？

孙博士：我不太关心左侧和右侧，只要基本面出现了买进的信号，预测到未来能赚钱，随时都可以买进来。事实上，没有任何人能预测到当前时刻是左侧还是右侧，如果能，谁不想右侧啊。

问题11：您是如何完成建仓的，建仓的步骤是怎样呢？

孙博士：我做股票出身，喜欢分批建仓，就是看到机会来了，先买进一些仓位，等有了初步盈利再把仓位加到自己预定的水平。后来跟高手交流，发现这样是错的，最好的做法当然是看准了一次性买进来。

问题12：建仓过程中如果行情发动，您是追还是等？

孙博士：建仓是瞬间行为，不会出现发动与否的问题。有时候买进从开始到结束价格已经涨了许多，那就算平均价。想建仓在最低点，在最低点把仓位加足，是很难的。

问题13：在您完成了一次很有把握的建仓后，如果行情并不按您预想的发展，您是否会止损，又如何止损？

孙博士：买进之后，我不是看市场涨跌，而是看基本面变化——自己预料中的基本面是否有变化。如果有，则随时出来，不管是盈利还是亏损。所以，基本面入场，一定也是基本面出场，与行情涨跌无关。

问题14：从您2020年的交易情况看，您的回撤控制在5%以内，请问您是如何控制回撤的？

孙博士：2019年我的回撤还是比较大的，最大回撤超过20%。控制回撤，靠仓位，仓位轻一点，回撤就小。

问题15：盈利后，您如何判断出场点位，是分批出还是某个点位全部出场？

孙博士：到了自己预定的目标，一次性全出。

问题16：您是否会用浮盈资金加仓？是否会用计划外的资金加仓？

孙博士：一般不做这种事情。因为2018年我吃过亏，浮盈加仓，很容易造成极大损失。

问题17：您如何应对风险事件呢，比如这次疫情带来的市场大幅波动，您是如何处理交易的呢？

孙博士：有些意外事件是无法预料到的，那就得承受损失。入场投资，最好做个预案——如果出现意外怎么办，否则意外来临的时候，人是容易呆若木鸡的，导致损失加大。

问题18：听闻您早在1992年就进入股市，又在股指期货推出后就开始介入期货市场，您对2020年2月3日至今的A股市场有何见解，认为后市会如何发展？

孙博士：中国的股市估值非常低，在主要经济体中算最低的了，所以，我长期看好中国股市。**未来20年，外资会源源不断进入中国市场，好的股票会变成稀缺资源，所以，逢低买进中国的股指期货是一种不错的策略。**

问题19：随着复工开工节奏加快，在当前国内外疫情下以及未来疫情过去后，您觉得商品期货上有哪些品种值得重点关注，主要逻辑是什么？

孙博士：这次疫情突如其来，很多品种出现了情绪化的抛售，比如能化、油脂、棉花、股指期货等。随着市场情绪的逐渐宣泄，被砸低的品种总会有翻身的机会，所以，我觉得可以多关注原油化工等这些被砸低的品种，2020年，应该有一些机会。另外，疫情影响了人的消费，但没有影响畜禽的生活，中国的家禽存栏情况很好，猪的存栏也在恢复，这对玉米和豆粕是利好，看看有没有更多机会可以期待。

问题20：当疫情在全球其他国家开始蔓延的时候，避险情绪上升，全球股市暴跌，最常见的避险资产是美元和黄金，然而目前黄金、白银也在跌，是否是黄金抄底的机会来了呢？

孙博士：我认为黄金的金融属性几乎不存在，所以，我从来不看黄金白银。

问题21：一直以来，黄金和原油都被称作世界经济的"晴雨表"和最主要的风向标，从历史经验看，黄金与原油的价格具有正相关性，您觉得2020年原油是否是较好的资产配置标的？

孙博士：沙特阿美公布的最新报表显示，它的原油财务成本是40美元；40美元以下，它将出现亏损。作为上市公司，它总不能一直亏下去吧，所以，30美元的原油我觉得应该比较安全，可以考虑越跌越买。如果能跌到20美元，那有很大很大的盈利机会。

问题22：听闻您本科学习的是采矿工程，对采矿有深入了解，您2019年较大部分利润来源于铁矿石，您觉得2020年铁矿石以及其他黑色系品种是否存在较大机会？

孙博士：铁矿石目前的库存没有增上去，暂时缺乏下跌的动力；但要涨，也缺乏一些要素，尤其是螺纹钢库处于历史高位，所以我觉得未来铁矿石涨的动力也不足。螺纹钢在天量库存下价格坚挺，是一道奇特的风景线，且看看这种模式能持续多久；没有足够的空间，还是不碰好。

问题23：面对疫情给经济社会发展造成的影响，我国积极的财政政策更加积极有为，稳健的货币政策更加注重灵活适度，您认为宏观政策对大类资产有何影响，是否又会产生新一轮房地产行情？

孙博士：房地产不看好，政策不支持涨价。宏观政策其实利好股市，可以多关注一下股票市场。

问题24：您曾出版《出师》一书，以小说的形式记录了您带徒弟，对他们的培训过程。经过您的栽培，您的徒弟中不乏百万富翁、千万富翁，请问您是如何选择徒弟的？您又是如何对他们进行培训的？

孙博士：选徒弟是很难很难的，能带好徒弟就更加难了。我自知水平有限，目前不选徒带徒了。自己做投资更好。

问题25：在接下来5～10年，您觉得国内很多小型私募公司如何做才能发展壮大，在规模上呈现指数增长？

孙博士：小型私募基金最好不要考虑在规模上如何实现指数级增长，而应该考虑如何为投资人多赚钱——别人赚钱越多，发展机会就越大。一句话，赚自己的钱，让规模随之增长。

林庆丰：轻仓+顺势，连续8年稳定盈利

(2020年6月20日　李烨访谈整理)

林庆丰

浙江温州人，2007年进入证券市场，2009年进入期货市场，现专职做期货日内短线+中长期波段交易，以趋势跟踪为主，自动交易辅助，主观手工交易，为七禾网量化排行榜"波段为王"实盘账户交易者，其账户自2014年1月30日注册，截至2020年6月23日，累计净利润645.89万元。2015年荣获第七届蓝海密剑实盘大赛空军组第1名，"大校"军衔，2016年荣获第八届蓝海密剑实盘大赛集团军组第2名，获得年度先锋勋章。

精彩观点：

想要在期货市场中相对稳定获利，核心是要有一套符合自己性格的交易系统，其中包含了交易技术、资金管理、心态管理等等。

不管用什么交易策略，只要长期在这个市场交易，就一定会有回撤。

一定要遵守交易原则：轻仓+顺势。

一般投资者应对"黑天鹅"事件最好的办法是：第一，轻仓交易；第二，不要把所有的头寸押在一个交易品种上，分散几个品种持仓。

在"黑天鹅"事件频发、波动幅度增大的市场中，我降低了中长期策略的交易仓位，并相应增加了日内短线交易的持仓仓位。

对于2020年下半年的期货市场行情，我个人的判断是复杂向上的整体上行行情。

对于疫情后的经济恢复，我持谨慎乐观态度。

我选择品种的原则很简单，就看这个品种的价格是否出现了突破（平台突破、三角形突破等等）行情，只要出现突破信号，我就会将其纳为交易标的。

对一些价格行情延续性比较好、成交量比较大的品种，我会重点关注，比如油脂板块的棕榈油、豆油；化工板块的塑料、PP；有色板块的铜、镍；黑色板块的螺纹、铁矿、焦炭等等。

目前的商品期权成交量太小，不适合大资金参与。

我会根据量价关系以及品种价格波动率来判断是否应该主动止盈或者止损。

有一句话我觉得很有意思：靠运气赚来的钱，终究会因"实力"亏回去。如果持续重仓交易，总有一天会把赚来的钱还给市场。

我的资金管理的秘诀之一：只盈利出金，不入金。

在赌场，赌徒的胜率理论上低于50%，而在期货市场，只要你掌握了最基础的操作技术、资金管理和心态管理，胜算可以达到50%以上。

交易技术（顺大势、逆小势）+资金管理+盈利信心（心态）是中长期获利的根本。

问题1：林总您好，感谢您在百忙之中与七禾网进行深入对话。距离七禾网上次与您对话已经过去三年多，您的账户也有了新的突破。在此期间，您对市场有什么新的认识和看法？

林庆丰：您好，非常感谢七禾网提供的这次与广大投资者分享投资理念的机会。时间飞逝，转眼距离上一次对话已经过去三年。在近三年的时间里，我的运气还算不错，交易也比较顺利。期货市场每年都在变化，主线也有所不同，对商品价格的影响也不一样。2015年11月10日，中央财经委员会提出供给侧结构性改革；2018—2019年，市场则由中美贸易战这一主线引导；2020年年初，新冠肺炎疫情爆发，对整个实体经济产生影响，此外还有OPEC原油价格战等等；我们要学会的就是抓住主线，跟随趋势。

　　问题2：从资金曲线上看，您的账户"波段为王"近年的盈利能力很强，您觉得该账户能够持续并较大幅度盈利的核心是什么？

　　林庆丰：我个人认为，**想要在期货市场中相对稳定获利，核心是要有一套符合自己性格的交易系统，其中包含了交易技术、资金管理、心态管理等等。**

　　问题3：可以在期货市场盈利的人本就不多，能够长期盈利的人更是少之又少，您认为目前的盈利逻辑和模式能够支撑您在未来十年、二十年继续盈利吗？

　　林庆丰：市场是不断变化的，如果固定一种盈利逻辑和交易模式，想在这个不断变化的市场中长期盈利难度很大。但如果能在核心的交易逻辑和模式中跟随市场变化相应做一些策略微调，在这个市场继续获利的概率还是很大的。

　　问题4：当然，盈利过程中免不了会出现回撤，上述账户虽然盈利能力很好，但某些阶段回撤也比较大，请问最大的一次回撤大约是多少，最长不创新高的时间大约有多长，这些是否在您的容忍范围之内？

　　林庆丰：**不管用什么交易策略，只要长期在这个市场交易，就一定会有回撤**。在近6年中，我的交易策略最大的一次回撤发生在2017年，2017年年初到年底，最大回撤大约有20%左右。这一年，市场行情整体的延续性不是特别好，刚好与我的交易策略相冲突，最终导致了这一回撤，不过，这个回撤在我的容忍范围之内。

　　问题5：2020年3月12号"波段为王"创下新高，但随即却出现了一波相对较大的回撤，当时发生了什么情况，您是如何应对的？

林庆丰：3月13号出现了比较大的回撤，主要原因是仓位过重，市场价格在下跌过程中出现了比较大的反弹，进而触发了止损。之后，我吸取教训，即使顺势交易，也不能仓位过重，否则很容易出现行情反弹触发止损。**一定要遵守交易原则：轻仓+顺势。**

问题6：在短暂的回撤过后，上述账户净值再次大幅拉升，并打破前高持续向上，主要是抓住了什么行情？您是如何判断的？

林庆丰：主要是吸取了前面的经验教训，重新回到了轻仓、顺势的交易原则，所以很快净值又出现了新高。判断依据很简单：第一，顺势交易；第二，如果价格行情出现反转，继续做右侧的价格反转行情。

问题7：2020年对全球资本市场来说都是不寻常的一年。受疫情影响，商品市场波谲云诡，"黑天鹅"频飞，这些事件对您的投资是否产生了比较大的影响？您觉得投资者应该如何应对这些突发事件？

林庆丰：我个人的观点是，大部分投资者都不愿意看到"黑天鹅"事件发生，因为"黑天鹅"事件存在太多的不确定性，万一持仓方向相反，如果仓位较重，就很容易出现爆仓甚至穿仓事件。我觉得，**一般投资者应对"黑天鹅"事件最好的办法是：第一，轻仓交易；第二，不要把所有的头寸押在一个交易品种上，分散几个品种持仓。**

问题8：曾经商品市场可能3%、4%的波动都难得一见，而如今单日5%、6%的涨跌幅大家都已经习以为常。在剧烈的行情波动下，您的短线交易和中长期波段交易是如何配合的？您2020年的投资策略是否有所调整？

林庆丰：我的交易策略是中长期策略+日内短线策略。**在"黑天鹅"事件频发、波动幅度增大的市场中，我降低了中长期策略的交易仓位，并相应增加了日内短线交易的持仓仓位。**正常情况下，我的日内短线仓位在2～3成，中长线策略的仓位在1～2成。

问题9：对于2020年下半年期货市场的大环境，您认为是整体上行、下行还是区间震荡？在您看来，疫情之后的投资，布局方向在哪里？判断依据是什么？

林庆丰： 对于2020年下半年的期货市场行情，我个人的判断是复杂向上的整体上行行情。为什么说复杂向上呢？因为目前国外整体疫情还没有完全控制，甚至很多欧美及非洲国家的疫情还处于相对失控的状态，所以**对于疫情后的经济恢复，我持谨慎乐观态度。**

问题10： 在期货市场中，有的投资者只专注做一两个品种，有的投资者则几乎全品种交易，您属于后者，您是怎么发现品种的交易机会的？当一个品种出现什么信号的时候，您会将其纳为交易标的？

林庆丰： **我选择品种的原则很简单，就看这个品种的价格是否出现了突破（平台突破，三角形突破等等）行情，只要出现突破信号，我就会将其纳入交易标的。**

问题11： 在全品种参与的情况下，您是否会阶段性对某个品种或板块有所侧重？在资金平均分散的时候，是否会出现即使某个板块产生行情，也带不动整体资金大幅上升的情况？

林庆丰： 当然。我相信很多投资者在交易的过程中都会对某个板块或者品种有所偏爱，我也不例外。**对一些价格行情延续性比较好，成交量比较大的品种，我会重点关注，比如油脂板块的棕榈油、豆油；化工板块的塑料、PP；有色板块的铜、镍；黑色板块的螺纹、铁矿、焦炭等等。**

问题12： 相对来说，镍是您做得比较多的品种，同时也是您从中获利最多的品种，它的什么特点让您着重交易它？

林庆丰： 对镍这个品种，我在2019年相对获利较多，因为镍在2019年这个特定阶段（印尼镍矿出口禁令）产生了较大的价格行情，而我根据自己的交易系统恰好抓住了这波行情。

问题13： 您认为接下来哪些板块或者品种可能会出现投资机会？

林庆丰： 我个人预判，**2020年下半年可能是一个复杂震荡上涨的行情。我重点会关注原油相关的化工板块，比如塑料、PP、PVC等。** 在具体操作上，还需结合疫情发展是否逐步向好、整体需求是否有复苏迹象的情况。

问题14： 按照目前交易所设定的各个品种的保证金和手续费收取情况，再结合2020年各品种的波动性来看，您觉得哪些品种适合做短线，哪些品种适合做中长期波段投资，又该规避哪些处于震荡期的品种？

林庆丰：适合做短线的品种有很多，我首先选择成交量大（流动性好）、趋势性强、波动幅度相对较大的品种做日内短线，比如：铜、橡胶、棕榈油、豆油、塑料、PP等。做中长线波段投资除了符合短线特性的品种外，最好结合一下品种的基本面信息，这样持仓会更有信心。规避震荡期品种，我的方法很简单：处于震荡期的品种，要么不操作，即使操作也是非常轻的仓位。

问题15：近些年期货品种的上市速度明显加快，如2019年的红枣、20号胶、尿素、粳米期货、苯乙烯、不锈钢、纯碱，2020年的LPG等等。如今，我们又将迎来低硫燃料油期货，生猪期货也已提上日程，您是否会考虑对这些新品种进行策略配置，为什么？

林庆丰：新品种上市之初，我会关注，但很少参与。新品种没有经过市场的打磨，我们对它的交易逻辑以及价格走势等特点不能非常了解，如果盲目去参与，胜算不大。

问题16：随着国内市场不断完善，这两年还推出了不少商品期权品种，您是否参与布局，会比较看好哪些品种？

林庆丰：商品期权我关注过，也轻仓做了一些布局。但**目前的商品期权成交量太小，不适合大资金参与**，没有特别看好的品种，但我会关注有一定成交量的期权品种，做顺势交易。

问题17：在交易中，您以趋势跟踪为主，但其实这两年很多商品的趋势性并不是很好，在这种行情下，您是如何挖掘交易机会的？

林庆丰：关注品种阶段性的价格走势特点，然后挖掘出成交量大、延续性好的品种作为重点关注品种，重点做突破交易。

问题18：按照趋势跟踪的理念，当行情处于顺势的状态时是不应该做止盈的，等到利润回撤到一定程度时系统会自动止盈，您会主动止盈吗？您如何看待和对待利润？

林庆丰：对待止盈，不同的人有不同的交易策略，我会主动止盈，**根据量价关系以及品种价格波动率来判断是否应该主动止盈或者止损。**

问题19：在趋势交易中，仓位的把控十分重要，您一般会用几成仓位？

市场上部分"大咖"通常是通过重仓一把行情成就自己的投资人生，您对此怎么看？

林庆丰：中长线的趋势交易，我一般用1~2成仓位。短线交易，我用2~3成仓位。在期货市场，明星很多，但寿星很少。**有一句话我觉得很有意思：靠运气赚来的钱，终究会因"实力"亏回去。如果持续重仓交易，总有一天会把赚来的钱还给市场。**

问题20：其实在进入期市初期，您的交易也不顺利，伴随您的是长时间的亏损和大量精力的耗费，是什么原因让您能够坚持下来？

林庆丰：之所以能够坚持下来，最根本的原因是，我进入期货市场的前3年投入资金并不多，每一次亏损也都在我所能够承受的范围之内。一直到后来，我觉得自己能够在这个市场相对稳定获利了，才逐步加大资金投入。另外，在不断盈利的基础上，做好资金管理，才能在期货市场长期生存。**我的资金管理的秘诀之一：只盈利出金，不入金。**

问题21：您用了多久做到比较稳定地盈利？现在回过头去总结，您觉得做好哪些方面可以缩短进入稳定盈利的时间？

林庆丰：我在2009年进入期货市场，2012年开始有相对比较稳定的盈利，这个过程我用了3年。对普通投资者来说，如果想要较快进入稳定盈利的阶段，我个人的建议是，找个好导师(有实战经验，且证实能够相对长期稳定获利)，尽快掌握正确的交易技术，然后不断结合自己的性格特点，用比较少的资金参与市场实践，最终形成符合自己性格特点的交易系统。

问题22：您曾表示，做期货其实就是对未来价格的有奖竞猜，能否具体阐释一下？从竞猜的角度来讲，猜对的概率是50%，那么您盈利的信心来自哪里？

林庆丰：对未来价格的有奖竞猜是我个人对每一笔交易胜算的把握。**在赌场，赌徒的胜率理论上低于50%，而在期货市场，只要你掌握了最基础的操作技术、资金管理和心态管理，胜算可以达到50%以上。**只要在这个市场能够较长时间获利，就是对交易信心的一种强化。而**交易技术(顺大势、逆小势)+资金管理+盈利信心(心态)，是中长期获利的根本。**

理发师章位福：用稀缺的短线策略争取月月盈利

(2020年7月7日　傅旭鹏整理)

章位福

期货程序化交易高手。江西人，早年在福建打工，现居浙江。少年时因家境一贫如洗，初一下学期就辍学，做了一年多陶瓷工后改做理发师，经过近20年时间的努力，白手起家，从一名普通的理发师成长为20余家连锁美发店的老板。

2003年开始接触股票投资，2009年底参与期货交易，通过努力自学和参加相关金融培训课程，2010年实现了期货程序化自动交易，使用金字塔平台自动化交易，多品种、多周期、多策略组合交易，目前主要使用短线程序化交易策略。荣获第八届蓝海密剑实盘大赛晋衔奖，"少校"军衔。

精彩观点：

我把自己的交易当作是开一个赌场，然后在赌场里面设一些正期望的赌局，只要是有这样的优势在，那我就把赌局开设得越多越好。

随着市场的不断变化，学习是很重要的，我们要根据当前市场的变化不断调整自己。

做量化交易最大的优势是组合，比如A策略能赚10万元、最大回撤是5万元，B策略也能赚10万元、最大回撤是5万元，两个策略组合在一起后，它们的利润是相加的，但是最大回撤一定不是10万元。

组合交易是盈利相加、回撤相互抵销的，如果我们可以把策略分散得足够多、组合得足够多，并且能让某个策略尽可能地在别的策略不赚钱的时候赚钱，这样就会和那种大道至简的策略不一样。

之前用的是大周期趋势策略，回撤是没有办法很好控制的，而且还要等行情，要"靠天吃饭"，只有在日线级别上走出了行情，那大周期策略才可以赚钱，但如果日线级别上没走出行情，那必然是亏的。

现在是用趋势策略再加一些震荡策略，然后把周期做得更小，它们之间就可以形成很好的互补，就算在日线级别上看上去没有行情，但我也能比较好地控制住回撤。

我觉得做短线要非常注重过滤，不是什么行情都可以做的，我们都知道，震荡行情占80%，甚至85%，趋势行情可能只有15%，如果我们经常在震荡中去试错的话，那基本上短线策略是开发不出来的。

做短周期要非常注重精细化、模块化，就是去抠利润，找到一些相对确定性的东西，把它组合到模块里面，是做短线极其关键的一个点。

做短线单靠一个策略是没有办法打造相对平滑的收益曲线的，所以就必须要做组合。

当趋势策略在回撤的时候，震荡策略可能在给你赚钱，所以就可以降低账户整体的最大回撤；当趋势策略空仓的时候，震荡策略可能在赚钱，所以就提高了我们的收益。

做长线的人比例要远远高于做短线的，因为短线的竞争壁垒比长线要高得多，长线只需要写几段代码，短线可能要写几百行代码，而且每一行代码的逻辑关系又要能够串起来，所以我觉得短线策略是比较难开发的。

任何一个单独的策略不可能有非常好的资金曲线，因为它没办法包含所有的行情，比如它能适应60%的行情，但它对40%的行情无能为力。但是如果我们能够用六类或者十类策略组去包含80%的行情，只对20%的行情无能为力，那我们在这个市场上生存的能力就变强了。

在进出场算法这一块，我更多的是用收盘模型，而且我会在收盘模型上做一个判断：当前这个位置是不是大家来抢单子的，波动剧烈的时候？如果是波动剧烈的时候，可能这个时候我就不触发信号，因为在这个位置触发信号必然是跟别人抢，如果跟别人抢的话，我们的交易成本一定是高的。

做短线还是要细心，要逻辑推导，用搭积木的原理去组合，然后提高交易速度，通过进出场算法降低交易成本，这样才有可能在短线交易市场上存活下来。

我目前有六到七个策略组，每个策略组都是不同的，尽可能地做到异构，尽可能不一样。

很多人觉得在指数上测试也差不多，等实际交易时就能映射到主力合约，其实这是相差十万八千里的，很多时候影响是比较明显的，特别是苹果、鸡蛋、红枣这些品种。

短周期一周的时间相当于长周期一个月的时间，短周期一个月的时间可能就相当于长周期一年的时间，所以不需要盼某一段行情，我们要做到的是在大波动的时候能赚到超额收益，在波动特别小的时候能够生存下来。

这么多年下来，整个市场在改变，交易群体也发生了改变，所以我们做量化的不是说写个策略就一劳永逸了，应该不断地调整、升级，不断地找到当前可以生存的一种方式，所以总体来说，学习是不被淘汰的唯一方法。

我是一个建立赌场的人，我是一个理性的做生意的人，而不是一个赌客。

自上而下是一个非常好的设计理念，它是先有想法，再有代码，再有回测报告，再看结果，这是一个自上而下的概念，目前我基本上还是沿用这个做法。

我们要把量化作为一个工具，提高自己的交易能力，丰富自己的交易组合，尽可能走出一条不同的道路来，如果大家都挤在相同的周期、相同的交易理念当中，那盈利会越来越难的，我还是希望自己能走出一条相对于别人不一样的道路来。

我觉得现有的财富都不是现在得到的，是之前努力得到的，所以现在的财富多少我并不关注，更多的还是把自己的注意力放在创造财富的能力上。

目前我的交易策略组是比较丰富的，特别是加入了震荡策略之后，有效地降低了震荡时的大幅回撤，目前我所有的策略组加在一起，加上子策略，数量可能已经达到5000个了，5000个策略同时在做组合，所以策略组的丰富度还是非常高的。

我的交易周期还是比较短的，每天的交易次数非常多，足够多的交易次数提高了盈利的确定性，所以达到了一个从量变到质变的过程。

我的人生准则是这样的：利人利己的事情我是坚持做的；损人利己的事情，也就是损害别人的利益让自己获利我是肯定不做的；损己利人的事情，我会量力而行。

问题1：章位福先生您好，感谢您和七禾网进行深入对话。距上一次（2016年底）与七禾网的沟通已经过去三年有余，这三年中您对交易以及市场有什么新的感悟和理解？

章位福：我这几年对交易的理解变化还是比较大的，特别是最近做短周期交易以来，我觉得底层的交易逻辑发生了改变。之前是遵循大道至简的理念，现在很多的量化交易者都遵循的是大道至简，用一个尽可能简洁的策略去对应多个品种的方式交易，这个方式用比较简单的策略就可以实现，而且也是可以在市场上盈利的。但是我现在对做交易的感悟是这样的：我把交易当作是一个开赌场的逻辑，赌场和赌客有不同的特征，赌场是理性的，可以开N个赌局，我们都知道，赌局基本上都是对赌场有利的，但这个优势是微弱的，所以**我把自己的交易当作是开一个赌场，然后在赌场里开设一些正期望的赌局，只要是有这样的优势在，那我就把赌局开设得越多越好。**

问题2：您于2010年开始做程序化交易，到2020年已经有10年了，在这程序化交易的10年中，您最大的感受是什么？

章位福：这十年我走了好几个阶段，可能有些时候权益出现了比较大的回撤，我最大的感受是不同阶段我对交易、行情的理解程度是不一样的。我刚开始做股指的时候，是用一个简单的突破策略来交易的，那时候的策略就是突破加上跟踪止损。

但是随着市场的变化，我发现这样一个简单的思路慢慢地没办法完全适应市场了，因为市场里投资者结构不一样了，所以后来就衍生到多品种、多周期、多策略交易，由刚开始的股指日内交易转换成了商品的大周期交易。因为我发现大周期策略看上去更能盈利，虽然收益曲线不是很好看，但是长期来看，只要有行情就能盈利，这是我那个时候的想法。

现在我是把原来那种大道至简大周期的交易又做回了小周期的交易了，而且也是延续着多品种、多周期、多策略组合的方式，所以我觉得，**随着市场的不断变化，学习是很重要的，我们要根据当前市场的变化不断调整自己。**

问题3：在期货程序化交易上，您从之前"大道至简"较为单一的交易策略转变到现在策略的多元化和精细化管理，您的交易理念有哪些改变？

章位福：我之前的策略条件是相对比较单一的，但是现在的策略是比较多元的，在这个过程中，最大的改变是利用了组合的优势。**做量化交易最大的优势是组合，比如A策略能赚10万元、最大回撤是5万元，B策略也能赚10万元、最大回撤是5万元，两个策略组合在一起后，它们的利润是相加的，但是最大回撤一定不是10万元。** 所以这就代表**组合交易是盈利相加、回撤相互抵销的**，如果我们可以把策略分散得足够多、组合得足够多，并且能让某个策略尽可能地在别的策略不赚钱的时候赚钱，这样就会和之前那种大道至简的策略不一样。所以我的感受有两点，一个是赌场理论，第二个就是要善用组合的威力，我认为组合交易是实现盈利至关重要的一个点。

问题4：您目前管理的资金规模比之前要大很多，和您之前管理的资金相比，交易方法和理念上有哪些不同？

章位福：之前用的是大周期趋势策略，回撤是没有办法很好控制的，而且还要等行情，要"靠天吃饭"，只有在日线级别上走出了行情，那大周期策略才可以赚钱，但如果日线级别上没走出行情，那必然是亏的。现在跟之前最大的区别在于，**现在是用趋势策略再加一些震荡策略，然后把周期做得更小，它们之间就可以形成很好的互补，就算在日线级别上看上去没有行情，但我也能比较好地控制住回撤。**

问题5：您目前的策略以短线策略为主，而您之前的策略以中长线策略为主，请问做出这样调整的原因是什么？

章位福：主要原因是中长线策略的最大回撤是不好控制的，这是比较重要的一点，还有一个就是做中长线同质化的情况非常严重，资金曲线都是同涨同跌的，我觉得是没有办法做出一条平滑的资金曲线的。

目前我做的短周期策略，回撤相对来说会比较可控一点，短周期的止损跟长周期相差是很大的，短周期的止损会比较小一点，大周期的止损会很大，特别是有些行情先走出了一波以后，只要行情一回调，那大周期策略回撤是比较大的，但是短周期可以比较快速地平仓，甚至是反向做，所以资金曲线就会比较好看。我现在做短线策略主要的原因就是希望资金曲线相对平滑，盈利不需要太暴利，但是我希望能让资金曲线长期稳定，这是我主要的目的。

问题6：如果有的投资者容忍度比较高，那么他做商品大周期策略从长期来看是否依然会有一个比较好的收益预期？

章位福：我认为有些大周期策略还是正期望值的，如果以十年为单位的话，肯定还是赚钱的。但是它会存在盈利衰减的情况，现在的市场有效性越来越高，消息反映到行情上会比较快速，可能很多时候行情直接一步到位了。

另外，**如果我们做大周期策略，其实是在日线级别上看波动，而日线级别的波动跟商品供需是有关系的，**如果某个商品的供需未来都保持相对平衡的话，那大周期策略盈利的预期就可能下降得比较快，但如果某个商品经常会出现供求失衡的情况，那行情应该是会上下波动、牛熊转换的，这个时候大周期可能会有不错的收益。

问题7：短线策略和中长线策略相比，在策略设计、交易思路等方面主要有哪些差别？

章位福：我觉得**做短线策略是非常难的**，跟做长线不一样，做长线可能我们只要在书本上看一些比如海龟、通道、双均线这些理论和策略，然后把它们放在小时线或者日线级别上，长期来看还是会盈利的。但是做短线是完全不同的概念，这里就以我个人的经验来简单谈一谈我是遵循哪几个原则的。

我觉得做短线要非常注重过滤，不是什么行情都可以做的，我们都知道，震荡行情占80%，甚至85%，趋势行情可能只有15%，如果我们经常在震荡中去试错的话，那基本上短线策略是开发不出来的，所以做短线要非常注重过滤。这其中包括波动性的过滤：波动小的时候要怎么做，波动大的时候又要怎么做；还要考虑比如品种的特征，我们都知道，黑色系的特征跟农产品是不一样的，那我们就要考虑是怎么不一样，能不能在我们的策略里面把它体现出来、细分出来，我们都知道农产品震荡行情的比重一定高于黑色系，因为农产品如果有什么突发性事件，行情是集中爆发，后面预期一致行情又震荡了。此外，我们也可以对各个品种之间的盈利预期做一些过滤，过滤的目的就是尽可能把85%的震荡行情过滤一些，这个是比较重要的一点。

第二，长线交易遵循大道至简，要让代码更加简洁，让我们写出来的条件更加具备普适性；但是做短线应该舍弃大道至简，我说的舍弃大道至简不是说不要逻辑，逻辑还是需要的，但是应该遵循什么呢？要精细化、模块化。举例来说，做长线我们只需要用通道突破就可以了，就是上面一条线、下面一条线、中间一条线，但是你会发现这样的策略放到短周期来说却是一个亏钱的系统，这是因为它的交易成本太高了，什么行情都参与，震荡的时候它参与进去亏损了，趋势的时候参与进去赚钱了，但整体来看还是亏损的，所以**做短周期会非常注重精细化、模块化，就是去抠利润，找到一些相对有确定性的东西，把它组合到模块里面，这是做短线极其关键的一个点。**

我和身边有些做短线的朋友交流，大家都非常认同这样几个观点：第一，我们做短线都需要过滤，只不过每个人对市场的理解不同，用不同的过滤方式，但没有一个不过滤的。第二，就是对短线的精细化处理。基本上大家都是在做模块化的，因此要考虑下单的模块是什么，开仓的条件是怎么样的，有哪些突发事件要考虑，品种之间要怎么样配比权重？

此外，还有一个关键：**做短线单靠一个策略是没有办法打造相对平滑的收益曲线的，所以就必须做组合**。不是简单地把A策略加B策略就叫组合，应该是看A策略适应的是什么行情，B策略适应的是什么行情，C策略适应的又是什么行情，这三个策略要尽可能适应不同的行情。但是有个大前提：在大趋势当中，这三个策略必须至少要有两个在盈利；在大V型反转的时候，可以有一个策略受伤，但是不能三个策略都受伤。也就是说在大行情的过程中，我们至少80%的策略组都要进去做，在震荡的时候尽量让50%的策略能够相互交替地进场、出场。我们要根据各类行情来开发策略，得到一些同质化比较低的策略，这是非常关键的。

目前我除了用短线趋势策略之外，还加了一些左侧交易的震荡策略，但是很多人认为左侧交易策略特别难开发，或者还没有看到可以特别稳定盈利的震荡策略。震荡策略有个特别好的地方，它跟趋势策略绝对是负相关、异构的，如果能把震荡策略写好，对整个账户可以起到非常重要的效果。**当趋势策略在回撤的时候，震荡策略可能在给你赚钱，所以就可以降低账户整体的最大回撤；当趋势策略空仓的时候，震荡策略可能在赚钱，所以提高了我们的收益**。整体来说，趋势加震荡的交易方式会得到一个非常好的收益风险比，也就是说风险是相对有限的，但收益可以做得非常不错，跟传统的、简单的大道至简的长周期趋势策略相比的话，还是有些差别的。

问题8：短线策略的有效性是大部分程序化交易者比较关注的，请问您对于短线策略的有效性是如何看待的，如何判断一个策略是否已经失效？

章位福：我们做量化的人会一直讨论策略的有效性问题，长周期策略因为足够简单，所以一般的量化交易者用得比较放心，不用考虑它失效的问题；但短周期的话，因为它的逻辑条件或者模块比大周期的策略要复杂一些，所以比较担心失效的问题。我觉得**我的策略可能失效的概率相对来说会低一点**，我遵循以下几点来评估一个策略的有效性。

第一，短线策略比较复杂，关键要看每一个复杂条件背后的逻辑支撑是什么，即以更多的逻辑来支撑短周期策略。我们要思考逻辑是不是大道至简的，是不是普适性的，是不是可以表达出涨跌定义的，是不是可以表达出当前位置是趋势还是震荡的？如果是，那就代表是有逻辑支撑的；有了逻辑支撑，要验证它，如何去验证？举例来说，我们用一个比较大的框架、用统一的参数尽可能把品种之间的模块化去掉，即用一个相对统一的大框架去验证是不是可以多品种普适，如果这个大框架是多品种普适的，那就会更放心些。

当策略一个月或两个月不赚钱的时候，那策略就失效了吗？这个时候要看亏钱的原因是什么，这个策略想要捕捉的行情有没有出现，如果这一个月压根就没有这一类的行情，那亏钱是必然的，也是非常正常的事情，但如果这个月出现了想要捕捉的行情，但我们没有捕捉到，那就要思考这个行情为什么没有捕捉到，市场的投资者结构有没有改变或者交易所的规则有没有改变。策略之所以失效，往往是因为市场的投资者结构发生改变。市场中投资者的理念、交易的人群若发生改变，那么策略面对不同的人和不同的市场就会比较容易失效。所以我会比较关注交易所有没有出降低手续费的政策、有没有增加做市商，或者投资者群体有没有发生改变。如果想要捕捉的是趋势行情，行情走出来了，但是没有捕捉到，那我认为就要思考这个策略是不是要调整了。

还有就是可以用验证法来看，这个策略的参数盈利平原有多大。比如我们的参数是从20到100，如果从20到100都是盈利的，只不过50盈利相对高一点，40到60跟50之间是差不多的，或者衰退只有10%或者5%，那这个盈利平原就是非常高的。所以**参数的盈利平原有多大，决定了策略失效的概率有多低。**

综合上面这几点来思考一个策略的有效性，我觉得应该是比较客观的。

问题9：如果有一个参数非常紧凑，只在40到60的时候是盈利的，用其他数值就不盈利，我们选择50来做，这个策略失效的概率是不是就会很大？

章位福：我们要思考这个参数是用来做什么的。举例来说，我如果用ATR的倍数作为参数来完成开仓和平仓，那这个参数是不需要到100的，100倍的ATR根本没有什么意义，但这个参数也不能是0.5或者1，应该是多少？比较合理的是2倍到5倍之间，步长是0.2，如果这个策略用2倍到5倍的ATR甚至用8倍的ATR都能够盈利，那就是一个盈利平原高的参数。但是比如说一个均线策略，40天以上的均线就赚钱，40天以下的均线就亏钱，那这个策略的逻辑肯定是不对的。

问题10：对短线策略的四个方面：策略好坏、下单速度快慢、逻辑和组合、进出场算法您分别是如何理解的？一般人难以开发出良好的短线策略，主要是哪方面有欠缺？

章位福：我觉得如果一个人对市场的理解不是特别透彻，没有做到持续不断地精进，只遵循大道至简，不相信能开发出盈利的震荡策略，也不相信复杂的策略能盈利，那他基本上就很难开发出短周期策略。因为短周期策略要求必须对市场有足够的理解度，而且需要精细化，也就是我前面说的要考虑波动性、品种之间的特征差异、未来的盈利预期、品种行情的连续性等等问题，如果这些问题都不去做思考的话，那几乎是设计不出短线策略来的。**做长线的人比例要远远高于做短线的，因为短线的竞争壁垒比长线要高得多，长线只需要写几段代码，短线可能要写几百行代码，而且每一行代码的逻辑关系又要能够串起来，所以我觉得短线策略是比较难开发的。**

对于策略好坏的理解，第一要看它是不是正期望值。第二要看这个策略捕捉的是什么类的行情——是震荡类的还是趋势类的，大的行情是100%抓到还是80%抓到，这几点我觉得就可以评估一个策略的好坏。也就是说，首先是正期望值，第二个是要看捕捉什么行情、最怕什么行情，可以规避什么行情。

至于下单速度，当然是越快越好，对做短线来说，下单速度代表着交易成本，所以我比较关注下单速度，速度越快，相对来说成本就会更低一些。

关于逻辑和组合，在我的理解中，逻辑和组合是盈利的关键，**任何一个单独的策略不可能有非常好的资金曲线，因为它没办法包含所有的行情，比如它能适应60%的行情，但它对40%的行情无能为力。但是如果我们能够用六类或者十类策略组去包含80%的行情，只对20%的行情无能为力，那我们在这个市场上生存的能力就变强了。**所以我一直在强调，做短线的关键是策略组合——有足够多的策略组合，并且要知道组合之间的关系，比如我们要用积木搭一个变形金刚，我们要知道头是哪一块、身体是哪一块、脚是哪一快，要找到各自的部分拼出一个变形金刚，这就是组合。

进出场算法对做短线来说也是非常重要的。举例来说，很多做长线的人都会用到突破策略，比如破前面的20天新高就直接进场，这对最终的交易结果是无所谓的，它因为长线对滑点不敏感，滑点1跳、2跳甚至5跳对长线来说都微乎其微，长线抓取的是日线级别的波动，所以不在乎滑点。但是对做短线的人来说，每次做进去都有2跳滑点，一天来一次，那基本上就没办法生存了。所以**在进出场算法这一块，我更多的是用收盘模型，而且我会在收盘模型上做一个判断：当前这个位置是不是大家来抢单子的波动剧烈的时候？如果是波动剧烈的时候，可能这个时候我就不触发信号，因为在这个位置触发信号必然是跟别人抢，如果跟别人抢的话，我们的交易成本一定是高的。**比如当前是多头状态，但是当前位置不是大家都在抢单子时，我才会以这个位置作为进出场的点。

所以整体来说，**做短线还是要细心，要逻辑推导，用搭积木的原理去组合，然后提高交易速度，通过进出场算法降低交易成本，这样才有可能在短线交易市场上存活下来。**做短线，交易手续费是头等敌人，如果我们交易连手续费都不能打平的话，那就没办法做了。

问题11：请问您目前的实盘策略主要有哪几套，每一套策略的主要特点分别是什么？

章位福：我目前有六到七个策略组，每个策略组都是不同的，尽可能地做到异构，尽可能不一样。每个策略组要做什么行情是要划分出来的。对每个策略组，我又想办法衍生出十几个跟这个策略组相关的正期望值的子策略，比如衍生出了10个子策略，加上6个策略组，那就是60个策略了，策略组之间本来就是异构的，后面又衍生出10个子策略，它们进出场不同，所以又形成了一个组合的效果，然后又在35到40个品种上同时去做交易。这些策略组包含了趋势类的策略组，也包含了震荡类的策略组，目的就一点，就是尽可能地包含到更多的行情。如果今天行情是震荡的，趋势的策略组亏一点，我能够用震荡策略组去获利弥补，今天就降低亏损了；如果今天是一个趋势行情，那趋势策略组就大赚了。所以这样覆盖掉更多的行情特征之后，尽可能地降低回撤，用这样的方式策略组是可以往下无限地网状发散的。这其实就是我做短周期的一个模块设计，我的所有策略就像一张网一样，把行情尽可能包含在网中，V型、W型或者大单边的行情就都有策略组去对应，从而降低回撤。这样可以极好地、有效地降低回撤、提高收益，这是我目前构建的组合的威力。

问题12：在这些不同类型的策略中，您的资金是如何分配的？

章位福：对每一个策略组，我会尽可能地把品种全部分配进去，我前面说过，品种之间要有过滤，还要把品种的盈利预期、连续性、波动特征、成交量等等都要考虑进去，当把这些方面都考虑进去之后，我的一个策略组就可以应对几十个品种了，因为已经把一些不适合的特征全部过滤掉了。在资金分配方面，我定义了持仓量在5万手以上作为开仓的标准，对日成交额在30亿以下的品种，相对于正常交易的手数我会降低一些。所以资金使用这一块，就围绕两个方面：**成交量小的、持仓量低的，我会尽量地少参与一些，不让自己陷在流动性的问题中**，这样就解决了流动性的问题。

还有，比如棉花跟螺纹钢收益预期是不一样的，因为棉花是农产品，螺纹钢是黑色系，我会把盈利预期区分出来，**盈利预期高的品种多做一点，盈利预期低的品种少做一点**，尽可能地减少策略组对特定行情的依赖。我最早是做股指日内的，那时我依赖日内大单边行情，只有大单边的行情中我才能赚钱，其他行情中我都是不赚钱或亏钱的。所以我现在希望不管行情怎么走，我都有适合的策略去对应。

问题13：如果一个品种除了主力合约外，其他多个合约都是活跃的，您会不会去参与这个品种的多个合约？

章位福：我基本上就只做一个主力合约。

问题14：如果主力合约换月了，您也换月吗？

章位福：是的，金字塔软件可以直接实现自动换月，非常方便，比如今天主力合约换了，一开盘就会把新合约补进来，老的合约手工平掉就好了，信号就完美过渡了。

问题15：会不会出现这种情况：在老的主力合约上面是没有头寸的，但按照新合约来看是有头寸的？因为新合约跟老合约数据还是有一点差别，有可能在新合约上还没有平仓，但是老合约上已经平掉了。

章位福： 在金字塔上有个主力连续合约，它的行情数据是连续的，就是把每一个主力合约拼过来，相当于文华的主连合约，但是文华主连是有跳空的，而金字塔是可以复权的，就把这个跳空给消除掉了，也就是说这个合约是可以交易的，所以就非常方便，设置完以后，基本上就可以一直交易了，不存在中间换月的问题，也不存在信号不一样的问题。

问题16： 比如像鸡蛋这样的品种，每换一个主力合约，它的K线是完全不同的，这对策略会不会有影响？

章位福： 鸡蛋这个品种用指数合约做交易是一塌糊涂的，强调一下：用指数映射连续合约做交易是一个比较大的问题，我发现身边很多做长周期的朋友都会用这样的做法。有些软件没办法实现主力合约的复权，所以没有办法有效测试指数跟连续之间的差异，**很多人觉得在指数上测试也差不多，等实际交易时就能映射到主力合约，其实这是相差十万八千里的，很多时候影响是比较明显的，特别是苹果、鸡蛋、红枣这些品种。** 对指数合约我们要知道它的深层逻辑，它是根据持仓量的权重计算出来的，比如5月合约是1000点，9月合约是2000点，如果两个合约第二天价格都没有变，但从5月合约换手了20%的持仓到9月合约，这个时候指数合约是有变化的，但实际上这两个合约的价格都没有变，所以我们没有办法交易到这个涨幅。我以前吃过这方面的亏，所以后来再也不用了。

问题17： 近期股指期货走出了一波比较流畅的上涨行情，您的策略近期在股指上的表现如何？您是否会考虑增加在股指上的资金分配？

章位福： 这几天的股市行情如火如荼，波动非常大，我做的几个策略在股指上前段时间一直在回撤，但这几天基本是在新高附近。我暂时不考虑针对股指做单独的资金分配，可以考虑把股指当作一个组合的一部分，不把它的比重做得特别高，因为组合最大的特点还是尽可能不要特别依赖于某个行情，也不去预测行情会怎样，所以我不会单独去做股指的资金分配，但在账户里面去做相等权重的股指是可以的。

问题18： 股指在波动、报价的点位、手续费等方面和其他品种有很大的不同，您在开发股指短线策略的时候是不是需要单独开发？

章位福：是的，很多股指日内的策略就只适应股指，不适应其他品种，我也有一些单独针对股指的日内策略，是单独开发的，因为股指特性和其他品种不同，它的波动特别大，但现在的问题是，股指平今手续费特别高，这就导致做交易必然要锁仓，如果行情走势不是特别好，锁仓的资金占有率是非常高的，所以它的效率是不高的。其实用商品多周期、多品种组合出来的盈利预期目前来看是高于股指日内策略的收益预期的，所以我把股指当作一个平均的组合，而不是单独给它做资金分配。

问题19：大部分程序化交易者都主张轻仓长期坚持执行程序策略，而您的账户有时候会达到50%以上的仓位，请问您敢重仓交易的原因是什么？

章位福：主要还是因为周期小、止损小、掉头快，组合相对比较丰富，还有一个比较关键的原因是，我做了历史回测，去看回测中的最大回撤、资金使用率、盈利预期等，我觉得回撤是相对可控的。另一方面，对做短周期来说，很多时候看到账户的仓位比较高时可能是分散在各个组合中，这可以提高保证金使用率。比如只做一个品种、一个策略的话，是永远不可能用50%的仓位来做的，因为风险太大了，但如果用40个策略、几百个子策略来做，其实是可以有效规避最大回撤的。此外，在我交易过程中，有些时候看到的仓位是有对锁单的，有些品种平今的手续费特别高，那我就用对锁的方式来规避平今手续费，所以看到的风险比如有50%，实际是没有50%的。

问题20：2020年以来期货市场波动明显加剧，机会增加的同时潜在的风险也加大，您对于这样的行情有什么感受？在交易策略上是否会做出相应的调整？

章位福：我们做量化一般不会去考虑后面的行情会怎么样，波动大对我来说肯定是好事，因为我做的是小周期。但我还是希望在波动小的时候我的策略也能适应，不能说我的策略只适应波动大的行情，谁都没有办法准确预测波动大小，所以我觉得还是会把精力放在策略的平衡上面。**波动大的时候，我的收益预期可能就高一点；波动小的时候，我也要能够在这个市场上生存，或者想办法能赚到一点收益。**

问题21：2020年受到疫情和国际形势复杂多变的影响，原油、黄金、白银等有外盘的品种夜里或者假期期间经常出现暴涨暴跌的行情，从而导致内盘品种隔夜跳空巨大，面对这样的行情，您认为程序化交易在策略方面是否需要做出一定的调整，以减少隔夜跳空带来的风险？

章位福：2020年年初的时候没有夜盘，跳空情况还是蛮严重的，恢复夜盘以后，我发现跳空的情况好了很多。在节假日的时候，我会主观地手工去控制一下仓位，因为节假日的行情是不可预知的，但是也要看仓位的平衡度，比如有30%的隔夜持仓，但是有一部分是多头的，有一部分是空头的，这个时候要评估一下，如果多空是差不多的，其实就不用干预，如果是绝对的裸多头或者裸空头，风险敞口比较大，我可能就会手工去干预一下，只能希望在极端行情当中可以少损失一点，但绝对不是全部平仓。

问题22：有些程序化交易者主张将基本面和程序化的方式相结合，您也曾经做过这方面的尝试，请问您对这一交易方法怎么看？您现在做交易基本不参考基本面，其中的原因又是什么？

章位福：基本面定方向、量化做执行这个方式我是非常认同的，因为它可以提高交易的确定性，而且风险是可控的，因为执行是程序在做，所以是有止损的。但是我现在之所以没有做，第一是自己没有这个能力分析基本面，基本面瞬息万变，变化太快了；第二是做短周期交易是一件非常累的事，基本上每天、每周、每个月都在调整，都在做延伸，有很多工作要做，所以做好短周期已经很不容易了，如果再把基本面加进来，那精力就不够用了，所以我目前还是做得较单一。

问题23：据我们了解，您目前分了多个交易账户使用不同的方法来交易，请问和多个交易方法混合在一个账户里相比，这样做的好处有哪些？

章位福：目前我总共有六七个不同风格的账户，我把组合交易的类别也分了好几种，把每一类单独分一个账户来做，这样可以看到我某一类的组合效果怎么样，可以有效地找到我的问题所在，加以改良。当然最好的方式是如果资金足够多、体量足够大、组合足够丰富，最终能把所有组合逻辑的模块全部放到一个账户里面，这从理论上来说肯定是比单独分账户要好，但是我现在分账户的目的是找到自己不足的地方加以改良，或者找到可以让自己提升的地方。

问题24：受到疫情的影响，有不少交易者认为2020年大波动行情将会延续较长的时间，对此您怎么看？您认为这对程序化交易而言是否是一个难得的机会，程序化交易者应该如何调整自己的交易策略，以抓住这样的行情机会？

章位福：我没有这方面的判断，也没往这块去思考，做量化是后知后觉的，还是我前面说的，波动大的行情走出来了，收益肯定会比波动小的时候好一点，那波动小的时候我们是不是也能生存，这是我要思考的。就是尽可能地让自己在没有去做预测的情况下能让自己生存，当下还是做好自己的交易计划，改良、提升、升级或者增加一些策略组。

还有一点，做短周期跟长周期不一样，长周期可能会盼着一波行情，因为这一波行情就是一年的收益来源，错过了这波行情，可能2020年收益就差了不少。做短周期不是这样子的，**短周期一周的时间相当于长周期一个月的时间，短周期一个月的时间可能就相当于长周期一年的时间，所以不需要盼某一段行情，我们要做到的是在大波动的时候能赚到超额收益，在波动特别小的时候能够生存下来。**

问题25：您非常注重学习，也经常和同行的朋友交流，据我们了解您近期在了解用机器学习的方法做交易，从您身边用机器学习做交易的朋友来看，您觉得用机器学习的方法做交易的前景如何？未来您是否会考虑加入机器学习的交易策略？

章位福：这么多年下来，整个市场在改变，交易群体也发生了改变，所以我们做量化的，不是说写个策略就一劳永逸了，应该要不断地调整、升级，不断地找到当前可以生存的一种方式，所以总体来说，学习是不被淘汰的唯一方法。我认为目前的**机器学习**处于我十年前刚刚做量化时候的水平，那个时候很多人不知道程序化是一个什么样的东西，不知道程序化能做什么。现在也有很多人不知道什么是机器学习，觉得很神秘，我觉得目前自己也是处于这个阶段。现在一些知名的私募，可能也会运用机器学习的方法去交易，因为计算机的效率比我们人的效率高，计算机做数据挖掘和分析的时候，效率远比我们高，就相当于我们手工下单的效率跟计算机下单的效率是不一样的，那么机器学习跟人学习又是不一样的，所以有机会的话我肯定会去学这一块，而且也要想办法朝这一块去突破，可能没那么容易，但我还是会朝这个方向去努力。

问题26：您认为程序化交易是通过概率赚钱，请问您认为如何才能建立起自己交易策略的概率优势，从而实现盈利？

章位福：还是我开头说的赌场理论，**我是一个建立赌场的人，我是一个理性的做生意的人，而不是一个赌客。**赌场会设立N个正期望的赌局，并且让赌局尽可能有不同的玩法来适应不同的赌客。但赌客是感性的，是追求刺激的；我们做量化交易应该是理性的，依据数据和概率的，有了这个基础逻辑之后，就要寻找一些有正期望的赌局不断地往上叠加，从而达到从量变到质变的结果。比如赌场里只有一个赌局，这个赌场2020年赚钱还是亏钱可能搞不清楚，因为赌局太少了——量太少了，没有办法从量变到质变，但如果有一万个赌局、有几百万的赌客过来赌，那概率优势绝对在赌场这边——逻辑就是这样，那我们就用计算机代码来实现这个开赌场的逻辑。

问题27：您之前对程序化交易研究主张自上而下的理念，认为程序化交易需要不断地进行研究，请问您现在对程序化交易的研究理念是怎样的？

章位福：**自上而下是一个非常好的设计理念，它是先有想法，再有代码，再有回测报告，再看结果，这是一个自上而下的概念，目前我基本上还是沿用这个做法。**但是我现在会增加一个环节，在开发策略之前，我先考虑要适应什么样的行情、覆盖什么样的行情，再来着手研究开发。

问题28：就您看来，一个程序化交易策略需要达到哪些条件、经过哪些步骤才有可能被您纳入实盘策略中？

章位福：第一，策略的逻辑是不是清晰，交易的逻辑应该是要比较清晰的，而不是说简单策略把它变复杂，我们还是遵循大道至简，这个道就是逻辑，逻辑要清晰，只不过是用了更多的大道至简的东西组合在一起，形成一个搭积木的原理。

第二，代码要简洁，能用一句代码来表达的不要用两句，能达到效果、达到目的、把逻辑阐述出来就可以了，不需要把代码写得很复杂。

此外，我会考虑这个策略上线以后对我整体的策略组有没有对冲效果，如果有对冲效果的话，那就会达到更好的组合效果。

最后，这个策略还要具备大框架的普适性，里面很多细节上的东西、模块可以先关掉，然后整体看一下这个大框架是不是在各个品种、各个周期上具备普适性，如果普适性没问题，再把一些过滤的模块加进去。

问题29：您主张养成每天睡前至少花1小时来写程序化交易代码的习惯，您这个习惯保持了多久？这个习惯给您带来了哪些好处？

章位福：我们都知道，要把自己从一个"菜鸟"变成一个专家是有个"1万小时定律"的，即要从"菜鸟"变成专家，就必须钻研、了解规则，必须是对这件事情特别专注，只要通过各种方式研究透了，其实就慢慢地由"菜鸟"变专家了。此外，我更关注的是在相同的时间里效率怎么提高，如何高效地让自己得到更快的成长？我主张每天尽可能去思考一下交易中碰到了什么问题。晚上睡前是一个非常安静的时间，安静的环境有助于思考做量化的逻辑问题。**做量化交易的逻辑是重于编程的**，编程其实很简单，只要逻辑思路理顺了，编程还是很快的，所以每天晚上用一个小时来提升自己我觉得是非常好的，我这么多年来一直都在坚持这个习惯。

问题30：您还主张每天收盘后做盘后作业，统计当天的交易情况，您认为每天做盘后作业的好处有哪些？

章位福：我们都知道，量化交易是先有测试报告，然后再去做实盘，我把测试报告当作战前准备——告诉我用这套策略去"打仗"在历史上是一个什么样的结果，但是不能保证未来会赢，那未来如何反馈？其实就是通过我们每天的收盘作业。收盘作业就是每一天战报的实时反馈，从每一天的战报反馈当中我们可以知道每天的盈亏、手续费、每个品种交易的次数等等，这些信息对今后的交易来说特别重要，尤其对需要用数据来分析的量化交易是非常有帮助的。当数据足够多的时候，可以通过实际账户的交易信息得到真实的交易状况，而不只是看回测，因为回测都是历史，只能把它当过往的信息或者报告而已，所以我是非常重视做收盘作业的。我交易了多久，**收盘作**

业就做了多久，这么多年来一直都在做，已经整整做了十年了，我觉得效果是非常好的，可以把自己每天都置于反省、找问题当中。

问题31：2020年以来大部分程序化交易者获利都不错，也有越来越多的人想学程序化交易。您认为哪些人是比较适合做程序化交易的？

章位福：我觉得做量化交易是跟人的性格有关，如果想问题比较客观，做事情比较保守，能够透过事情看本质，逻辑推理能力比较强，这些人是比较适合做量化的，因为他们具备刨根究底、探寻本质的特质。有了这个特质之后，最好自己对量化交易有足够的兴趣，比如半夜可能会爬起来去写模型、写代码，吃饭的时候可能还会想着如何写代码，这就代表兴趣，**兴趣是我们做量化最好的老师**。当然如果能有一个实盘高手带着走就可以少走很多弯路，因为实盘当中很多经验就是一层纸，一些人如果没有经历过的话可能要走三五年，但如果有个做过实盘的人指导，效果就大不一样了。

问题32：有的人认为随着做程序化交易的人越来越多以及市场越来越成熟，未来程序化交易会越来越难赚钱，您是否认同这样的观点？您是如何看待程序化交易的前景的？

章位福：我觉得未来市场肯定是越来越有效，定价体系也越来越有效，很多时候行情可能是在极短的时间内一步走完，如果是这种的情况，趋势类的策略盈利可能会越来越困难。但是**我们要把量化作为一个工具，提高自己的交易能力，丰富自己的交易组合，尽可能走出一条不同的道路来，如果大家都挤在相同的周期、相同的交易理念当中，那盈利会越来越难的，我还是希望自己能走出一条相对于别人不一样的道路来。**

问题33：您除了交易期货外，还把资产分配到了股票上，同时还有美发实业，您认为资产多元化分配的好处体现在哪些方面？

章位福：其实我还是运用了组合的威力。谁都不知道下一次哪个赚钱、哪个亏钱，但是组合长时间下来大概率是赚钱的，知道这个逻辑之后，我就把股票、期货、实业都按照赌场理论来操作。当然实业跟股票、期货是不一样的，实业会更加有确定性，所以实业还是我的本业。

问题34：从您做美发实业的角度来看，疫情对实体经济造成的影响有哪些？

章位福：疫情刚开始时对美发行业影响是比较大的，后面慢慢地恢复了，现在基本上正常了，类似的民生必需品消费行业目前也都恢复得差不多了，但非必需消费行业肯定还是会继续受影响的。

问题35：2020年随着您在期货市场里的收益增加，您的个人财富也有较大的增长，您是如何看待自己的人生财富的？

章位福：**我觉得现有的财富都不是现在得到的，是之前努力得到的，所以现在的财富多少我并不关注，更多的还是把自己的注意力放在创造财富的能力上**，就是说自己未来创造财富要具备什么，那现在要如何去着手准备，如何让自己具备可以创造财富的这个能力，这些更重要，人生财富越到后面越代表着自我价值的实现。

问题36：2020年您到目前连续盈利，没有一个月是亏损的，这样的成绩您是如何做到的？未来是否可以继续保持这样的盈利能力？

章位福：2020年确实做得不错，目前还没有亏损的月份，我总结了几个原因：第一，2020年上半年整个行情波动确实是比较大的，这种行情波动对短周期来说是有利的，只要波动大，不管是什么方向，短周期策略还是较易抓到的，这个就是市场给机会了。

第二，**目前我的交易策略组是比较丰富的，特别是加入了震荡策略之后，有效地降低了震荡时的大幅回撤，目前我所有的策略组加在一起，加上子策略，可能数量已经达到5000个了，5000个策略同时在做组合，所以策略组的丰富度还是非常高的。**

第三，我尽可能地去覆盖一些活跃的品种，因为品种多了，所以每个月可能总有那么几个品种出行情的，这几个出行情的品种如果抓到了，加之其他品种震荡的时候我用震荡的策略减少了亏损，那做到月盈利的概率相对来说就提高了些。

第四，**我的交易周期是比较短的，每天的交易次数非常多，足够多的交易次数提高了盈利的确定性，所以达到了一个从量变到质变的过程。**

未来能不能实现每个月盈利目前也说不好，但是我还是要朝这样的目标去思考和努力，尽可能地提高策略适应不同行情的能力。

问题37：据我们了解，您一直以来都热衷于做慈善事业，请问您做慈善事业的初衷和初心是什么？未来您是否会继续坚持做慈善？

章位福：我的人生准则是这样的：利人利己的事情我是坚持做的；损人利己的事情，也就是损害别人的利益让自己获利我是肯定不做的；损己利人的事情，我会量力而行——这是这么多年来我一直信奉的行为准则，如果未来有能力的话，希望可以帮助更多需要帮助的人。我一直觉得，初心很重要，不管是对自己身边的朋友、家庭或者是自己的事业，只要初心是向善的，那么人生是很快乐、美好的，而且是很有正能量的，所以不要有歪念，要有正念，然后力所能及地帮助别人，这是我之前一直坚持做的，未来我也会继续坚持这么做。

林智彤：做交易，重要的不是我研究什么，而是市场关注什么

（2020年7月27日　李烨访谈整理）

林智彤

福建人，现居上海。2014年10万元起家加杠杆炒股，2015年遭遇爆仓，后借钱配资做期货，目前资金规模超5000万元，获第十一届"蓝海密剑"中国对冲基金公开赛晋衔奖，"大校"头衔。

精彩观点：

我不喜欢为没有意义的事情操心，担心又不能让我赚钱，与其花心思在担心上，不如多花点时间思考交易。

赚钱的方式有无数种，但亏钱的原因只有一个：看错了。

宏观政策的方向、突发性的事件、行业周期、产业结构的改变等等因素，

都可以造成一波大的趋势。

2020年春节过后，我就采取了做多货币流动性并做空实体经济的思路，具体操作就是做多股指，做空商品。之后，在商品见底的时候，我又及时翻多，变成了商品、股指全面多头。

中国飞速发展并追赶美国是必然事件，那么投资中国就是一个很好的交易。

我计算过，持有股指一年光吃贴水就相当于赚了15%的行情。

目前暂时没有很看好的板块，一定要选的话，我觉得如果疫情能缓解，受影响最深的产业也将是提供边际增量最多的。

做交易，重要的不是研究什么，而是市场关注什么。

从估值来说已经修复很多，从驱动来说货币宽松也边际减弱，所以可以说A股本轮行情暂告一段落。从更长的尺度来讲，我还是比较看好A股。

从长线思维来说，我比较愿意投资科技股，我觉得投科技就是投未来。

我倾向于去寻找行业未来发展性好、容纳量高的标的。如果公司当前市值没有膨胀到很庞大，且具有一定的核心优势，就会比较有潜力。相对于估值，我更关心这些。

既然是疯牛，最安全的时候就是刚启动的时候，当大家都这么认为的时候，又会进一步强化行情。

如果长线看好，给出更低的价格就是投资机会。

现在的投资主线：疫情缓解进展、需求恢复情况、货币宽松能持续到什么时候。

我只做逻辑止损，但这并不妨碍做资金管理，因为在建仓的时候就可以考虑好，如果价格偏离到什么位置说明逻辑不对了，相应的回撤幅度也是可以计算出来的。

直到现在，我的银行卡里永远只留有应急的生活费，其他资金都放在账户里。

绝大部分一直亏损的人就是不适合交易，比起给人希望，我觉得干脆劝他离开才是真的善良。

问题1：林先生您好，感谢您在百忙之中与七禾网、东航金融进行深入对话。您从10万元起家炒股，初入市场便选择加杠杆交易，这对新手来说并不常见，当时为什么会做出这个略显大胆的决定？

林智彤：主要是因为当时非常渴望赚钱。另一方面，那时候是2014年底，我预感到会有一波比较好的机会，所以就做出了加杠杆的决定。

问题2：仅过了一年，您的股票账户便遭遇爆仓，之后您却选择借钱配资，进军相对来说杠杆更高的期货市场，您是怎么考虑的，不担心再次铩羽而归吗？

林智彤：其实对有野心但又没有资本的年轻人来说，选择加杠杆是一件很自然的事情，不用考虑太多，因为只有这一条路。

我没有担心过再次亏损，一方面就称之为盲目自信吧，觉得自己必然是适合做交易的人；另一方面，**我不喜欢为没有意义的事情操心，担心又不能让我赚钱，与其花心思在担心上，不如多花点时间思考交易。**

问题3：进入期货市场以后，您遭遇了无数次50%以上的回撤以及若干次90%以上的回撤，主要问题出在哪里？在这种情况下，大部分人可能会选择从此离开这个市场，您是怎么坚持下来的？

林智彤：**赚钱的方式有无数种，但亏钱的原因只有一个：看错了。**因为当时的我毕竟还算是一个行业新人，有时候对一些头寸的理解比较片面或者肤浅，这就导致了错误。

对于回撤，我的心态是比较理性、健康的。一方面，认识到自己的错误，那就继续改进，懊恼毫无用处。另一方面，盈亏同源，有些亏损是交易模式导致的，可能你可以想办法避免这些亏损，但是同样的，你就赚不到相应的钱。

问题4：您在期货市场上赚到的第一桶金是抓住了什么行情？后来又是如何渐渐摸索到了稳定盈利的窍门？

林智彤：2016年的时候，我在做有色金属的研究员，当时正好处于大宗商品的底部，我在最低点1.2万元附近抄底了锌，并一路加仓，直到第二年

2.4万元附近平仓。

我到现在也不敢说自己已经掌握了稳定盈利的窍门，无非是做自己觉得对的事情，至于结果如何，交给时间来裁决。

问题5：您表示希望在市场中赚大趋势的钱，那么在您的交易中如何判定大趋势的来临条件？

林智彤：**宏观政策的方向、突发性的事件、行业周期、产业结构的改变等等因素，都可以造成一波大的趋势**。我觉得要想真正赚大钱，需要抓住这种机会，但我也做得不好，比如我就很不擅长做事件驱动型的行情，因为总是教条地感觉有效市场会立刻反映一切公开信息，但对当前市场的有效性达到了怎样的程度却判断不了。

问题6：我们从您"蓝海密剑"的参赛账户"赚点旅游费"中发现，从2020年1月下旬开始，账户净值出现了平台式的上升，主要是抓住了哪几波行情，是如何判断的？

林智彤：这就是我上面说的，因为发生了突发性的事件：新冠肺炎疫情，当时我认为市场充满了很多不确定性，但是也有一些确定性，首先，经济一定受到了影响，但严重程度、持续时间是不确定的，其次，各国政府一定会采取对冲措施；所以，**2020年春节过后，我就采取了做多货币流动性并做空实体经济的思路，具体操作就是做多股指，做空商品。之后，在商品见底的时候，我又及时翻多，变成了商品、股指全面多头。**

在货币流动性的选择上，我考虑过黄金、债券、股指，最终选择了股指。股指是我2020年的主要头寸，我思考了挺多的：①巴菲特说他的成功很大程度归功于美国的强大，同样，**中国飞速发展并追赶美国是必然事件，那么投资中国就是一个很好的交易**。当然，这是一个很长很长的逻辑，并不好落实到交易上。②新冠肺炎疫情必然是一个短期冲击事件，让原本就处于低位的中国股市给出了一个更低的位置，这是安全边际。③货币宽松等对冲政策将会构成股市上涨的驱动因素。④股指有着非常好的期现结构，也就是远月大贴水，增加了配置价值。**我计算过，持有股指一年光吃贴水就相当于赚了15%的行情。**

问题7：近期，您的上述账户出现了比较大的回撤，请问是发生了什么情况，您采取了何种措施来应对？

林智彤：回撤的原因就是股市的大幅回调。原本我预期回调后能稳住，但是盘面并没有符合我的预期，开始大幅杀跌，既然行情暂时超出我的判断，我就开始做了减仓处理。

问题8：您属于全品种交易，我们知道，品种组合的不同和各品种配置的资金比例对资金曲线的影响很大，请问您是如何选择品种并分配各品种间的资金权重的？

林智彤：具体选择什么品种我觉得主要是考虑机会的大小，还有确定性的大小，我也会根据这些来选择它们的资金权重。另外，我还会综合考量一下总体持仓的风险敞口。比如，虽然2020年我也一直看好铜，但是我在赚了一波以后就走了，因为铜的宏观属性很强，和股指的相关性较高，会增加我的风险敞口。

问题9：在分析不同的期货品种时，您的分析要素或关注点是否会有所不同，请举例说明。

林智彤：我觉得大宗商品的分析框架大体是相通的。但我关注点的变化并不因品种而异，我关注的是该品种当前交易的逻辑是什么，以及在该逻辑下应该关注的核心数据是什么，也许在交易不同的品种时，我都在关注同样的信息，比如库存、产能等等；在交易同一个品种的时候，可能2020年关注这个点，2021年的关注点又变了。

问题10：从过去的大半年来看，期货市场整体走势呈宽幅震荡，但个别品种走出了独立行情，比如铜、白银、玻璃、塑料等，在这种情况下，我们应该如何去抓这些品种的机会？

林智彤：想要紧跟所有品种的基本面很难，基本是不现实的。我觉得还是自上而下的框架，先选板块，再从板块选品种。

问题11：目前，在黑色、有色、能化、农产品、贵金属等几个板块中，您最看好哪个板块？为什么？

林智彤：**目前暂时没有很看好的板块，**一定要选的话，**我觉得如果后面**

疫情能缓解，受影响最深的产业也将是提供边际增量最多的。很多工业品由于受到基建等对冲政策以及货币宽松引起的囤货需求影响，已经起来了，但很多民生类的产品还在底部，如棉花、聚酯链条。

问题12：您在交易中以基本面分析为主，您的基本面研究体系和逻辑是怎样的，主要研究哪些方面？

林智彤：我觉得主要得先搞清楚市场在交易什么。**做交易，重要的不是研究什么，而是市场关注什么**，毕竟最终价格是市场来定的。在这个基础上，再去寻找驱动、研究预期差，判断绝对价格、相对价格处于什么位置。相对于静态的供需平衡等数据，我更多关注边际变量。

问题13：您如何看待现在市场上或者媒体报道出来的基本面信息，比如原油减产或者矿山停产之类这些信息对您来说是滞后的吗？

林智彤：如果不是深耕某个特定产业，那么信息必然是滞后的，而且我在前面也提到了自己不擅长做消息驱动型行情，所以避免在自己的劣势上和别人作战。

问题14：您也参与外盘交易，我们都知道，国外市场受基本面信息的影响比较大，而国内投资者由于语言或者时差等原因，了解到的信息可能是滞后甚至无效的。您有过这方面的困扰吗？是如何解决这个问题的？

林智彤：一方面，做一些对冲交易，比如国内疫情刚好转的时候，国外疫情爆发了，我当时的头寸主要是做多A50，做空道琼斯；另一方面，拉长交易周期，比如我后来翻多，开始做多纳斯达克，后来就扔在那不看了，不然晚上连觉也没法睡。

问题15：某些外盘品种在内盘上有相同的品种或关联品种，您觉得这类品种内外盘行情的联动性如何，我们能否在内外盘的行情走势和相互联动中找到交易机会？

林智彤：有联动性很强的，比如黄金内外盘之间基本就是汇率差异，还有一些贸易流很畅通的品种；当然，也有比较割裂的品种，这主要是关税、进口配额、市场份额等原因造成的。这里面存在很多很多机会，但内外盘套利我很少做，因为还是希望能参与一些收益率更高的机会。不过有时候通过内外比价可以为内盘交易提供一些安全边际的参考。

问题16：2020年以来持续蔓延的疫情以及纷繁复杂的国际形势使得外围市场的波动非常剧烈，您的交易是否受到影响，采取了哪些应对措施？

林智彤：2020年前面节奏抓得比较准，所以影响不大，最近回撤也不是因为外围市场波动，是自身本来就需要调整。

问题17：您目前仍在交易股票，下半年来A股市场可以说是"牛气冲天"，您如何看待本轮行情的延续性，认为应聚焦哪些"核心资产"？

林智彤：**从估值来说已经修复很多，从驱动来说货币宽松也边际减弱，所以可以说A股本轮行情暂告一段落。从更长的尺度来讲，我还是比较看好A股。**

从长线思维来说，我比较愿意投资科技股，我觉得投科技就是投未来，当然短期来说很多估值给得太高了。**我倾向于去寻找行业未来发展性好、容纳量高的标的。如果公司当前市值没有膨胀到很庞大，且具有一定的核心优势，就会比较有潜力。相对于估值，我更关心这些。**

问题18：有投资者表示，A股没有慢牛，只有疯牛和熊市，您对此怎么看？

林智彤：这是由中国市场的投资者结构造成的，在大量的散户和非理性交易下产生了这种现象。**既然是疯牛，最安全的时候就是刚启动的时候，当大家都这么认为的时候，又会进一步强化行情。**随着市场结构慢慢转变，机构投资者占比越来越高，市场监管者的管理思想变成熟，只有疯牛和熊市的现象也会被慢慢矫正。

问题19：最近两周，A股出现调整，一度全面暴跌，市场人气也有所下降，关于"牛市"的质疑随之而来，您如何看待当前市场的调整？您认为中美紧张关系的进一步加剧会对A股造成持续冲击吗？其中是否也蕴含着投资机会？

林智彤：中美关系问题必然会常伴我们，冲击也一定还会再有。近期A股市场的调整也不能都归咎于中美关系，是有多方面因素的。**如果长线看好，给出更低的价格就是投资机会。**

问题20：以您的判断来看，2020年下半年投资者应该更关注哪个市场，又有哪些潜在风险需要注意？

林智彤：现在的投资主线：疫情缓解进展、需求恢复情况、货币宽松能**持续到什么时候**。风险来源于这些机会的预期差，还有大选前的中美关系。

问题21：对不少投资者来说，规模通常是业绩的敌人。如今您的资产管理规模已经超过5000万元，您会如何保持良好的投资表现，预计接下来的投资策略会如何进化？

林智彤：5000万元在市场上太渺小了，我觉得和以前并没有什么区别。以后规模更大的话，在一些小品种或者非主力合约上会更谨慎一些，目前没有改变的想法。

问题22：在经历过早期的爆仓以及配资交易后，想必您对风险控制和资金管理都有了深刻的认识，能否和我们分享一下您的风控规则？另外，在整体的资金管理上，您又是怎么做的？

林智彤：我并没有很多风控规则，觉得正确的头寸，我就坚持。如果交易逻辑发生变化，或者意识到自己犯错了，就离场。**我只做逻辑止损，但这并不妨碍做资金管理，因为在建仓的时候就可以考虑好，如果价格偏离到什么位置说明逻辑不对了，相应的回撤幅度也是可以计算出来的。**也就是说事先风控比事后风控更重要。

问题23：您如今才30岁出头，在期货市场中属于比较年轻的投资者，却已经在这个市场中赚取了上千万身家，您如何看待从期货市场中赚取的财富？

林智彤：称不上财富，只不过暂时能让自己和家人在上海少些生活压力，还是需要把它们当成筹码去努力增值。

问题24：期货市场中的财富往往"来也匆匆，去也匆匆"，七禾网曾采访过诸多盘手，他们中也有人曾因耀眼的收益为人所知，后来却因无法将其守住而逐渐被市场忘记，您觉得应该如何去守住在市场中获取的财富？

林智彤：我觉得本质还是控制欲望。如果你赚了一个亿，但你的目标是非赚到一百个亿不可，那你还是只能狠心去冲。**直到现在，我的银行卡里永远只留有应急的生活费，其他资金都放在账户里。**如果已经达成或者阶段达成了自己的目标，那我自然就会去降低、分散风险。

问题25：在期货市场，可能有80%~90%的投资者都处于亏损状态，站在过来人的角度，您对处于亏损状态的投资者有何建议？

林智彤：对不适合交易的人，做交易就是在赌博，我从不劝人赌博。不适合就请离开，为自己好也为你的家人好。

如果只是暂时没有找到交易方法，那么多交流，多思考，但最难的是找到自己的错误并改正过来。其实这种人是少数，**绝大部分一直亏损的人就是不适合交易，比起给人希望，我觉得干脆劝他离开才是真的善良。**

问题26：您参与了多个实盘大赛，也都取得了不错的成绩，已经举办十二年的"蓝海密剑"大赛是国内持续时间最长的赛事之一，您在参赛过程中有什么感悟，对"蓝海密剑"大赛有何期许？

林智彤：我在参赛过程中感觉到市场上的高手很多，有很多人值得自己学习。希望"蓝海密剑"越办越好，能网罗更多高手，为我们提供更多学习机会。

"宝山闲人"：做"找错交易"，账户10个月盈利近千万元

(2020年8月19日　唐正璐整理)

"宝山闲人"

四川邛州人，现居上海，曾是钢贸商，2008年进入期货市场，主做套利。曾获第十一届"蓝海密剑"中国对冲基金公开赛晋衔奖"大校"头衔，取得第十三届《期货日报》全国实盘交易大赛对冲套利组第十名、第二届夺冠高手基金组第十名的优异名次。

精彩观点：

期货改变了我的一生，让我更少与人交往，睡眠时间变少，陪伴家人的

时间变少。总的来说，得不偿失。

如果说成功的方法有千百种，那么爆仓的原因应该只有一种：方向错了，死扛，越亏越加仓。

我复盘了近年农产品跨月所有套利组合的规律，高低价形成的时间，进场的大概率方向、时间和出场的时间，最终得出一个大概率事件。比如豆油反套1~5的交易，过去6年中有5年是赚钱的，只有1年亏损百来点，盈亏比5比1。

永远不要羡慕凭自己的能力赚不到的钱，只亏自己能亏的钱。

看盘是对自己信心不足的表现，许多的亏损都是全天看盘的结果。如果不看盘只看结果，会减少很多亏损。

持仓的底线风格一定是即使在极端行情下也能让自己活得好好的，还能有机会翻身。

被不停地"收割"，一般都是不停地止损。一年如果只做三五个交易计划，那就只有三五次止损的机会，而不停地出手就会不停地止损，很容易被"收割"。

单行业的投资者更有机会稳定盈利。专注于单一品种或板块的这类投资都有大机会。

在不熟的板块被"收割"的可能性更大，要只亏自己能亏的钱。

近来农产品跨月的关联性在变弱，特别是持仓不是很大的品种。

主力可以左右一个品种一段时间，甚至是很长的一段时间，但故事最终会讲完，许多人涌上花车，最终会爆掉；价值最终会被发现，只是可能临近交割才能显现。

交易一定要有计划，做计划一定要想到最极端的可能，方能看到结果。

我感觉长期盈利的办法就是走MOM路线，把众多高手集合起来，风险对冲，大概率实现资金增长，我未来也会向这个方向发展。

问题1："宝山闲人"您好，感谢您在百忙之中与七禾网进行深入对话。您曾经以为期货市场是"金山银山"，进来就能坐拥"宝山"，进入市场后却发现坐拥"宝山"需要付出非常多心血，在期市摸索十余年，如今您觉得自己坐拥"宝山"了吗？

"宝山闲人"：人生每个年龄段追求的东西不一样，有许多东西失去了便无法挽回。

对我而言**期货改变了我的一生，它让我更少与人交往，睡眠时间变少，陪伴家人的时间变少。总的来说，得不偿失。**

问题2：像大部分初次介入期货的投资者一样，您初入期市也交了不少"学费"，甚至多次爆仓。请问，当初这些爆仓是如何造成的？您总结了哪些经验教训？

"宝山闲人"：如果说成功的方法有千百种，那么爆仓的原因应该只有一种：**方向错了，死扛，越亏越加仓。**

爆仓次数太多，才体会到人的认知是有限的，才不再用有限的认知去挑战无良主力疯狂发动的无限行情。

问题3：爆仓后您曾退出期货市场一段时间，在退出的这段时间内，您主要做了哪些调整？为什么决定2013年重回市场？

"宝山闲人"：去认真思考为什么会亏钱，怎么避免悲剧重演；客观地评估自我，思考自己有什么长处，能做什么样的事，怎样才能生存。

当时就爆仓问题请教过老师六年，在他的建议下，我选择放弃单边，专注套利，也是他的建议再次燃起了我的一点希望。

问题4：您认为套利的优缺点分别是什么？

"宝山闲人"：优点是波动率小，风险小。缺点是收益受限，绝佳的进场机会需要很有耐心，等待计划单出现极端行情。

问题5：有投资者表示，绝好的套利机会很少频繁出现，非专业套利者往往不易把握机会。您一般是如何发现和识别套利机会的，请谈一谈您的方法。

"宝山闲人"：我复盘了近年农产品跨月所有套利组合的规律，高低价形成的时间，进场的大概率方向、时间和出场的时间，最终得出一个大概率事件结果的可能性。概率越大的，就是我经常做的。

趋势交易是试错交易，而我做的是找错交易，如寻找错误的价差存在的不合理性，违反逻辑的存在。随着交割来临，这种错误一般会得到修正：要么是近月太高得到修正，要么是远月太低终被发现价值。近期的豆一9-1、白糖9-1就是例子。

问题6：就您看来，最近有哪些套利机会？

"宝山闲人"：一个是豆油1-5反套，另一个是找机会买05的棕空、01的豆油(这是两个套利，跨品种和反套油脂的组合，计划在豆棕1月900价差时进场)，还有一个是鸡蛋2、3月和后面合约的反套(特别是08)。

问题7：期货套利一般分为跨期套利、跨市套利和跨品种套利，这三种套利模式中您主要做哪一种？哪一种套利模式的风险更大，哪一种套利模式的收益更高？

"宝山闲人"：我的智商决定我只能做跨期，偶尔做跨品种也是选择高度关联的品种。

个人认为盈亏同源，跨品种的风险最大当然收益更高。很多时候跨品种可能会双向盈利，即多空都盈利，当然亏损时也是多空都亏。

问题8：套利交易虽然风险较小，但也是有风险的，比如价格偏差会继续错下去，虽然多数情况下这种价格偏差会被纠正，但套利者在这种交易中不得不承受暂时的损失。当价格偏差继续错下去时，您会怎么应对，是加仓还是及时止损？

"宝山闲人"：这个问题感觉像小马过河一样，每人情况不同，应对也就不同。

交易计划是交易的首要前提，它应该包括了您所列出的问题。**个人不喜欢无计划的即兴下单，通常在追涨杀跌式的大涨时间做正套，大跌时间做反套。我一般只按概率规律出牌，且只做规律中的方向。**

比如要做豆油1-5的反套，找到了历年的高点170左右，那么150附近就可以分批进场了，发动时间大约是国庆左右——在这个时间来加仓；结束时间一般是12月底，在结束之前，可考虑用浮盈加仓。

问题9：您以分析基本面历史规律为主，会总结跨月价差的历史规律性以及相关联品种的历年套利情况。期货市场这么多品种，您主要分析总结哪些品种的历史规律，您能以常做的品种进行举例吗？比如某个品种的历史规律是怎样的，它和相关联品种的历年套利情况又是怎样的？

"宝山闲人"：举个例子，刚刚发生的9-1的豆一和白糖的反套都有几百点的盈利，1-5的豆油正在进行中，**过去6年中有5年是赚钱的，只有1年亏损百来点，盈亏比5比1。**

鸡蛋2月、3月、8月规律明显，一般在交割前两个月开始（11月、12月）做空2月、3月，（5月、6月）做多8月。也可以做成套利单，这是一个成功从天然多头沦陷为天然空头的品种。

问题10：2020年因为受疫情以及复杂的国际局势双重影响，大宗商品上半年出现了较大幅度的价格波动，您分析总结的历史规律能否适用于上半年这样的行情？

"宝山闲人"：不适用。除了豆一、白糖的9-1能盈利外，别的都不适用。

问题11：2020年下半年以来，商品期货市场的热度逐步升温，金价创出历史新高，国内玻璃期货价格刷新上市纪录，玉米期货价格也逼近历史高点，铁矿石期货涨幅惊人，可以说涨价已经成为当前商品市场的主旋律。在商品市场多点开花的背景下，您是否会使用一部分资金进行单边投机？

"宝山闲人"：不会。**永远不要羡慕凭自己的能力赚不到的钱，只亏自己能亏的钱。**

问题12：除了总结历史规律，您还收集分析哪些数据和消息进行研究？

"宝山闲人"：消息面和基本面也会关注，短期内它们对套利走向有影响，会影响进场时间。极端行情发生时还会关注主力持仓，回避主力最疯狂的时间和主力逆向建仓。

问题13：在七禾网实战排行榜上，您展示了多个账户，不少账户表现不错，例如"王者之剑套利"这个账户交易10个月，仅1个月亏损，累积盈利939.65万元。您觉得自己交易盈利的关键是什么？您这些账户采用的交易方法是否相同？

"宝山闲人"：多个账户采用不同的交易手法。

前面说到如果一年中只出手三五次，有助于机会大增，所以我尝试单账户单品种。比如做套利的只做套利，程序化0.8清盘前不干预，做鸡蛋的账户只做鸡蛋，这样间接约束自己，去寻找一年中能出手的机会。

问题14：目前，您的资金总管理规模多少？在资金管理上，您是如何做的？

"宝山闲人"：我这点小资金就是期市中的一粒沙。

资金管理分为几种：一是套利交易，二是程序化交易，三是单品种账户。未来会偏重于程序化和单品种账户，但蛋绝不会放在一个篮子里。

问题15：早期有过爆仓经历的您，想必对风控有了更深刻的认识，如今在风险控制上您是如何做的？

"宝山闲人"：2020年最大的风险是3月的原油、白银连板事件，造成了很多人穿仓，它提醒我们任何时间都有可能三板，所以，**持仓的底线一定是即便在极端行情下也能让自己活得好好的，还能有机会翻身**。此外，采用多账户不同策略可以实现风险对冲。

问题16：对市场95%的人来说，期市不是"提款机"，而是"收割机"，作为从亏损走向盈利的过来人，您认为如何做才能避免被"收割"？

"宝山闲人"：要做到对风险正确认识并预防。

未知的行情会超过我们的认知，所以要有主见但不固执，赚钱时跑得慢些，亏钱时跑得快些，亏损加仓一定要在有计划分批建仓的前提下执行。

被不停地收割，一般都是不停地止损。一年如果只做三五个交易计划，那就只有三五次止损的机会，而不停地出手就会不停地止损，很容易被"收割"。如果减少了交易次数，被收割的概率就大大降低，且仅存的三五次都应该是想了很久才想操作、有最大胜算的概率，如果这种情况仍被收割，则说明研究出了问题。

问题17：稳定盈利几乎是所有投资者想要实现的目标，您也认为稳定盈利比什么都重要，就您看，实现稳定盈利的最佳途径是什么，哪些类型的投资者能实现稳定盈利？

"宝山闲人"：减少交易频率，只做计划单。

单行业的投资者更有机会稳定盈利。

我认识好多高手，发现他们都不跨行做：做鸡蛋的只做鸡蛋，做农产的只做农产，做化工的只做化工。**专注于单一品种或板块的这类投资都有大机会。**

问题18：目前，程序化交易和手工交易您均有参与，那您当前是以程序化交易为主还是以手工交易为主，为什么不选择完全程序化交易？

"宝山闲人"：程序化账户是完全自动的，而套利策略许多时候要遵循规律，根据历年的高点时间和点位进场做空反套，这种策略只能人工操作。

问题19：资料显示，您参加过不少期货实盘大赛，均取得过不错的成绩，请问，参加期货实盘大赛对您个人有什么帮助？

"宝山闲人"：一是**大赛让我认识到自己真的只是一粒沙。**

二是从众多高手那里领悟到不要羡慕别人夜夜高高，烟花再美也只是昙花一现，若放烟花的跑了，只会留下你在打扫战场。**在不熟的板块被收割的可能性更大，要只亏自己能亏的钱。**

问题20：您交易期货有12年的时间了，您觉得自己收获了什么？请您分享这些年令您印象最深刻的一次交易，这次交易对您产生了什么影响？

"宝山闲人"：2020年的9-1的豆一套利我450进场，最高拉到了650，最大浮亏200点，同一时间我在朋友圈呼吁9-1反套，拉队友来救我，今天收盘价差100点。

我感觉**近来农产品跨月的关联性在变弱，特别是持仓不是很大的品种。**

主力可以左右一个品种一段时间，甚至是很长的一段时间，但故事最终会讲完，许多人涌上花车，最终会爆掉。价值最终会被发现，只是可能临近交割才能显现。交易一定要有计划，计划一定要想到最极端的可能，方能看到结果。无良主力可能会左右一个合约很长时间直到交割月，错误的价差到交割月换月会被纠正。

问题21：有些投资者认为交易只是生活的一部分，而有些投资者则会一心扑在交易上，您属于哪一种？交易和休息的比重您是怎么安排的？

"宝山闲人"：我认为，看盘是对自己信心不足的表现，许多的亏损都是**全天看盘的结果。如果不看盘只看结果，会减少很多亏损。**所以做单一定要有计划和目标，当然最终方向看错了的情况可能也会发生，但这也是计划的一部分。

问题22：在越来越成熟的期货市场，有投资者表示单打独斗越来越没有优势，您做了这么多年的期货交易，是否有过成立投资公司扩大自己资金管理规模的打算？对未来的交易之路您有何打算？

"宝山闲人"：期货交易，给人带来的不仅是盈亏，更是对生活的影响。

我怀疑自己是否能实现长期盈利，所以想找到稳定的盈利之道。之前，通过比赛认识了很多高人，想委托一些账户让他们操作。**我认为最终长期盈利的办法就是走MOM路线，把众多高手集合起来，实现一个大概率的风险对冲资金增长，我未来也会向这个方向发展。**未来我希望能找到更多的高手，把资金分散给他们，给自己留点资金，一年找准几个出手机会，做好分批建仓亏损计划，拿到目标点位或是拿到交割月，根据概率和盈亏比在自己的承受范围之内确定出手规模。更重要的是，多花点时间陪伴家人云游天下。

张野：只要短线还能盈利，我就会坚持做下去

（2020年9月2日　刘健伟整理）

张野

辽宁人，现居江苏徐州，2005年进入期货市场，2009年开始专职做期货，日内短线交易为主，主要参考技术面分析，多次获得全国实盘大赛优异名次：为第一届夺冠高手东方杯期货实盘大赛轻量组冠军，第二届夺冠高手东方杯期货实盘大赛轻量组亚军，第十二届全国期货实盘交易大赛轻量组第四名、工业品组第一名。荣获第十届"蓝海密剑"中国对冲基金经理公开赛预备役组第二名。

精彩观点：

我给自己定的目标首先是要稳定，其次是追求利润。

根据当天的行情，有时候几十个来回，多的时候可能会超过一百个来回。手续费大概占总费用的25%左右。

做短线交易的确非常辛苦，但是我并不认为只有年轻人适合做短线。

做好短线交易的关键在于执行要严格到位，止盈止损一定要严格，入场点尽可能精准。

执行力需要长期自我磨炼，这需要时间的积累，形成机械化操作。

我一般是在上涨或者下跌出现调整的时候入场，很少去追行情。

一般情况下我的仓位很轻，不到20%，如果有盈利或者行情比较配合可能会重一些。

操作品种要选择一些成熟的，尽量规避急涨急跌的，依据是走势相对稳定、成熟，另外就是政策干预相对少。

我只看一分钟裸K线，不看其他指标。

短线交易的交易成本很重要。

我没有经历过爆仓，从一开始我就把风控做得很严，仓位一直很轻。

我觉得做交易要取长补短才会有进步，不能说爆仓才会有进步。

我不喜欢暴力的行情，节奏太快容易出现各种失误，操作太过频繁结果会适得其反。

行情走势与预期不一致需要及时止损，如果连续亏损需要减少操作频率和单量，以免失控，避免情绪化操作。

短线思维转换更灵活，需要严格的执行力，所谓的"勤"应该是重复做、反复做，形成机械化的意思。

刚入市的朋友首先要确定自己的理念，这是大的方向，决定能否长期生存，资金体量不大而且有时间看盘的前提下可以从短线锻炼自己，形成自己的风格，进而长足发展。

问题1：张先生您好，感谢您在百忙之中与七禾网进行深度对话。您早在2005年就进入了期货市场，请问您当时是如何接触到期货的？

张野：我本科的专业是金融学，当时学校里有个老师非常厉害，通过做期货赚到了第一桶金，之后学校也开设了期货这门课程，当时学习的都只是最基本的基础知识，我也是因为这样初步接触到了期货，并且对此也比较感兴趣，所以就坚持了下来。

问题2：2009年您决定专职做期货，这是出于什么考虑？

张野：我在2005年开始做期货交易，当时是兼职做的，效果也不理想。在2009年以后，我基本达到了稳定盈利后开始专职做期货交易，当时经济和心理压力都比较大，**我给自己定的目标就是专职交易半年不能盈利就退出市场重新找工作**，也算是给自己一个机会。

问题3：您目前是以日内短线为主，您刚开始交易就选择的是短线吗？为什么？

张野：我刚开始兼职做交易的时候并不是用日内短线的，这也是因为工作关系，时间上不允许。当时我同学做交易做得不错，我受到启发开始去摸索交易方法，因为我的性格比较急，又属于风险厌恶型的投资者，于是我觉得短线交易比较适合我，**我给自己定的目标首先是稳定，其次是追求利润。**

问题4：您现在一天会做多少个来回？手续费和净利润的比例大概是多少？

张野：主要还是**根据当天的行情，有时候几十个来回，多的时候可能会超过一百个来回。手续费大概占总费用的25%左右。**

问题5：短线交易非常消耗人的精力，所以很多人认为更适合年轻人来做，您是否认同？您觉得做好短线交易的关键在哪里？

张野：**做短线交易的确非常辛苦，但是我并不认为只有年轻人适合做短线**，我认识的短线高手有的已经做了二三十年了。

做好短线交易的关键在于执行要严格到位，止盈止损一定要严格，入场点尽可能的精准。

问题6：您刚才也提到了执行力是做短线交易的关键之一，您如何培养自己的执行力？

张野：**执行力需要长期自我磨练，这需要时间的积累，形成机械化操作。**

问题7：您如何安排自己的交易时间？夜盘是否参与？

张野：我现在的交易时间比较固定，一般来说收盘我就休息了，交易只是生活的一部分。夜盘我是参与的，一般做到晚上10点半或者11点，不会太晚。

问题8：一说到短线交易，可能很多人都会提到一个词——"盘感"，您如何理解盘感？您的交易体系中盘感重要吗？

张野：我对盘感不是太了解，可能盘感属于"只可意会，不可言传"，我没有这方面经验，所以没办法定义盘感在交易中的重要性。

问题9：有人说"入场见红"是短线交易能否做好的关键，您怎么看？您在交易中如何设置进出场点位？

张野：入场见红是指入场之后就有盈利，但这不决定短线交易成功与否。**我一般是在上涨或者下跌回调出现的时候入场，很少去追行情。**

问题10：市场中有句话：炒手就像敢死队，经常满仓上阵。您是否认同，您在交易中是如何做仓位管理的？

张野：重仓操作可能是很多炒手的行为，仓位的轻重可以根据个人的承受力不同而不同，**一般情况下我的仓位很轻，不到20%，如果有盈利的情况下或者行情比较配合，可能会重一些。**

问题11：国内现在已经有超过50个商品品种了，您觉得哪些品种适合做日内短线？您做交易选择品种的依据是什么？

张野：**操作品种要选择一些成熟的品种，尽量规避急涨急跌的品种。**我选择的品种大部分是以上交所的品种为主，偶尔做大连的，郑州的品种基本不做。**选择品种依据是走势相对稳定、成熟，另外就是政策干预相对少。**

问题12：您操作主要采用的是技术分析，哪些技术指标您最关注？

张野：我只看一分钟裸K线，不看其他指标。

问题13：随着国内市场不断成熟，交易所通常会为了抑制过度投机去调整过热品种的手续费和保证金，这对您的交易产生的影响大吗？

张野：**短线交易的交易成本很重要，**频繁调整手续费影响很大，如果手续费太高，我会选择手续费相对低一点的品种。

问题14：资金容量往往会成为短线交易的瓶颈，您觉得您目前的交易系统能够承载多少资金？您自己的交易过程中遇到过哪些瓶颈，又是如何去解决的？

张野：我目前的操作资金在20万元左右，**我现在遇到的问题就是资金容量受限**，我的单量很轻，所以我会选择一些大品种来交易，例如铅、锌、橡胶、铜、原油。

问题15：我了解到您十余年的交易中从未爆仓，就您来看，您没有爆仓过的核心原因是什么，是怎么做到的？

张野：**我没有经历过爆仓，从一开始我就把风控做得很严，仓位一直很轻。**

问题16：也有人说经历过爆仓才会有进步，您是否认同？

张野：**我觉得做交易要取长补短才会有进步，不能说爆仓才会有进步。**

问题17：很多短线交易者的快速盈利都来自行情的爆发力，我们了解到您认为波动太大不适合您，为什么？

张野：**我不喜欢暴力的行情，节奏太快容易出现各种失误，操作太过频繁结果会适得其反。**

问题18：近几年随着市场的不断成熟，部分短线交易者也开始逐步转换交易手法，您是否有这样的考虑？

张野：我现在以短线交易为主，也尝试过其他手法，我觉得只要这个方法还能盈利我就会坚持做下去，新的操作方法在很多方面都需要做调整。

问题19：在交易中，资金管理、心态、技术都很重要，如果要让您给它们排个序，您会怎么排，为什么？

张野：我觉得这些都很重要，这些都是做好交易需要具备的因素，它们是相辅相成的。

问题20：在交易中常常会遇到不顺的时候，比如行情朝向不利于自己的方向发展等，这时您会如何处理？

张野：**行情走势与预期不一致需要及时止损，如果连续亏损需要减少操作频率和单量，以免失控，避免情绪化操作。**

问题21：您认为做交易的本质是博不是赌，这句话如何来理解？

张野：做交易本质是做投资，要考虑风险收益比，投资的本质是用可控的风险博取较高的利润，看重长远的收益，赌博是短期暴富，风险意识薄弱。

问题22：我们看到您参与了非常多的实盘比赛，可以说硕果累累，获得了很多奖项，您的参赛账户与平时交易账户的风格一样吗？您觉得参加比赛对您的交易有什么帮助？

张野：我十多年一直坚持一贯的方法，没有变过。参加比赛有很多好处，可以知道自己的优缺点，可以认识很多高手，相互沟通交流，取长补短，对自己的发展很有帮助。

问题23：很多人说短线交易天赋很重要，您是否认同这样的观点？"勤能补拙"在短线交易中是否适用？

张野：交易的方法可以借鉴，但还有其他因素需要自己摸索。**短线交易转换更灵活，需要严格的执行力，所谓的"勤"应该是重复做、反复做，形成机械化的意思。**

问题24：有人认为学好短线交易是基本功，有人则认为短线交易成功的概率很低，不建议做短线，您如何看？对于刚进入市场的投资者，您建议他们从短线交易学起吗？

张野：我觉得应该因人而异，不能说交易的次数决定胜率的高低，**刚入市的朋友首先要确定自己的理念，这是大的方向，决定能否长期生存，资金体量不大而且有时间看盘的前提下可以从短线锻炼自己，形成自己的风格，进而长足发展。**

问题25：您觉得您这套交易方法可复制性高吗？

张野：我是属于短线操作，需要长时间盯盘交易，操作方法比较简单，交易在于心态、技术很多方面的契合，如果对短线感兴趣，可以学习、交流、取长补短，这样可以使自己少走弯路。

问题26：15年的期货交易经历见证了国内期货市场的多次变化，您感触最深的是什么？

张野：上市品种越来越多了，走势也出现分化，市场的参与者更多，做交易越来越难了。

问题27：2020年由于疫情、国际形势等等原因，商品市场的波动非常大，您的表现如何？遇到这样的行情，您觉得是机会还是风险？

张野：我不喜欢波动太大的品种，操作起来容易出现失误，我做的都是走势相对比较稳健的品种。

问题28：期货市场的机构化发展也让个人投资者面对专业的私募很难在市场上获利，您怎么看目前的市场格局？您是否有向机构化发展的规划？

张野：个人能力有限，而且还有很多弱点，机构投资相对个人投资有很大的优势，我觉得未来机构的生存能力一定比个人强，这是必然。

当然，如果我能遇到志同道合的同行，还是有向机构化发展的意愿的。

梅玉玺：这是一个既悲壮，又辉煌的行业

(2020年9月28日 刘健伟整理)

梅玉玺

上海鲁玺投资公司总经理。主要业绩：2011年厦门银行凤凰花2亿规模信托产品用15%的资金实现总资金12.6%的盈利；2012年唐发一号基金净值达到2.84元，短短四个月盈利184%，排当年私募基金中第一名。2013—2014年CCTV"天纵期才"期货大赛轻量组月度冠军，当月盈利154.78%，期货大赛结束后累积总收益521.19%；2019年第十一届"蓝海密剑"中国对冲基金公开赛单位净值第三名、预备役第一名。

精彩观点：

我能做交易，是因为我的生存压力比做交易的压力大，与生存压力相比，

我觉得在市场中扛的压力不算什么。

一直以来，我都有生存的危机感。

我认为，这是一个既悲壮，又辉煌的行业。

所谓开悟，就是指你对市场的清晰程度，你对市场要有研判能力，这需要时间沉淀。

我对整个股市的后期发展非常看好，中国综合国力排名世界第二，但是指数表现一直很不好，未来5～10年，包括股指的上涨幅度，我个人看到10000点。我认为中国未来肯定也会出现一些"巨无霸"级的超级"大票"。

我只做和期货相关的股票，其他不碰，这样比较省力。在期货上不敢做的品种，买股票就可以了。

现在临近美国大选，我估计大宗商品应该还有最后一波，因为不确定因素加上疫情，之后可能会进入暴跌。

我建议还是买黄金，我觉得2021年黄金价格会更高，2021年到2700点都有可能。

每种性格都可以获得成功，关键是看你对市场的认知程度。我的性格适合做长线，而且单品种压一个方向。

目前离这个位置还有5年的时间，标准是百亿规模以上。

做交易不管亏赚，得碰过钱。对于资金，很大程度上我觉得做得越大越好。

在这个市场里没有绝对的安全边际，想活着，就需要拿资金比例来控制风险，否则你2020年再厉害，2021年就看不到了。

我为了交易放弃了很多，几乎除了交易，什么都不会。唯独在市场里面，感觉自己比别人有优势。

我做任何事情决定了就会一直干，除非身体出现问题，否则就会一直坚持。我觉得相信自己能行比什么都重要，同时我认为信念不可复制。

精细化做交易，糊涂中求生存。

"神奇"很大程度上可以拆开理解：上天庇佑，出奇招。

我觉得天赋可能是可以发现市场里很多微观的细节，也就是对市场的敏感程度，根据一些数据、内容形成自己的判断，验证自己的推理。

我觉得天赋最重要的是发现一些灵感上的点，而这个点很难被赋予，包括交易的暴利也来源于灵感和经验。

交易不是教出来的，是实践出来的。

我认为交易员都是独一无二的，每个人的法宝取决于自己之前的一些经历。

问题1：梅总您好，感谢您在百忙之中与七禾网进行深度对话。您在2003年就接触到了交易，并且还是"大满贯"，几乎参与了所有的投资市场，请您介绍一下当时的情况。

梅玉玺：我在大学时学的是计算机科学与技术专业，但自己对这个专业并不是很"感冒"，哪怕我在编程等专业课上花了很多时间，一到考试，成绩还是不行。那时候我父亲又经商失败，对我也造成了一定的打击，当时我觉得自己的人生一片灰暗，没有什么希望了。于是，我就开始整天泡在图书馆里看闲书，无意之间，我看到了一本讲股票坐庄的小说。主人公家里条件不是很好，但是靠着自己的努力慢慢做到可以在市场上控制资金，在大学期间便开上了跑车。那本小说看得我热血澎湃，也想借此走出一条自己的路来。刚好我有一个师弟的老师是做股票的，实战能力很强。我师弟告诉我，他老师说股票这个市场很好，于是我们就兴冲冲去开了户。

我是靠打工读完大学还清助学贷款的。在上学期间，我做过很多兼职。在那个年代，MP3风靡大学校园，我从中看到了商机。于是，我就开始去中关村进货，拿到货以后，就在学校里摆了两张桌子卖。当时生意相当火爆的，我也因此赚了一些钱。不过后来因为无证经营，摊位被学校取缔了。
我拿着那笔钱开始炒股，一开始买了云南白药、云南铜业、柳钢股份、福日电子等等。当时的本金是3000元，买了之后也没有再去看。

数码不能做以后，我就开始搞招聘。那时候去工厂给别人打工，发现厂里要招很多人，我就和老板说，让他把钱打给我，我替他招人，后来因为赶上"非典"，这活也做不了了。

之后，机缘巧合，我在网上找到了一家做美股的公司，每个月发1000元的生活费。公司里有北京航空航天大学的硕士，有北京科技大学、北京理工大学和清华的高材生，大家都是激情澎湃的，其中有一个交易员做花旗银行，一个月能赚走20多万元人民币，所以，我们当时都觉得自己是这个市场中神一样的人物。我当时为了拿1000元的生活费，老板让我做什么就做什么，所以就一直活到了最后。像我们这种之前没有交易经验的人，主要就是做5美元以下的小股。5美元以下可以挂到小数点后四位，我们就通过最后一位抢单。后来研究出来一套系统，公司还靠这套系统赚了很多钱。但好景不长，没多久这家公司就被证监会取缔了，我再次失业。

我在那家公司待了8个月，因为做的是外盘，每天晚上到公司，第二天早上5点钟回家，休息几个小时以后，白天还要起来看内盘的股票。我觉得我在那段时间完全就是熬过来的。我一直觉得，**我能做交易，是因为我的生存压力比做交易的压力大，与生存压力相比，我觉得在市场中扛的压力不算什么。**之后，我再打开自己的证券账户，就发现云南白药已经翻倍了。

后来，我又认识了一个做外汇的人，于是开始接触外汇。我在30分钟线附近找了一个拐点打量，每天不睡觉，靠看电视剧熬着，等到进入拐点周期的时候，单子就进去。因为交易量大，我也尝到了很多甜头。那时候3000美元一个月能返三四万元的手续费，但是由于种种原因，也没有做长。

2007年，我开始接触期货，进入市场初期，基本上都是亏的，也没有做上太多行情。那时候我已经毕业，透支了10万元信用卡炒股，然后遇上了"5.30"行情。那时候，大盘一天就可以跌三四百元，像丰乐种业、新农开发、敦煌种业等个股以及一些创投概念股被炒作得很厉害。当时我在联想总部上班，老板觉得我IT技术一般，却老是带着同事炒股，这样不行。后来，因为工作不达标，我就被劝退了。

到了2008年上半年，我的钱已经没有多少了。不过，我这人在亏光的时候还是挺乐观的。一般情况下，亏光了就找个学校去跑步，然后循环播放《相信自己》这首歌。把钱都亏完之后，我就每天吃素炒饼，五元一份，吃了一年。

后来，也是凑巧，一个朋友需要一批高架灯，而我手上恰好有资源，于是只用了5天时间，我就赚到了40万元。这笔钱一下子解决了我的燃眉之急，也让我恢复了信心。

因为觉得股票市场不好做，我决定全线转战期货市场，结果没想到遇上了2008年金融危机，"十一"后市场上全是封板，封板之后出来，就两个品种没跌停，一个是小麦，一个是玉米。就这样，赚到的钱还没捂热就又亏了回去。赚了钱之后，我就觉得自己了不得了，刚好2010年赶上暴跌，我通过做空，200多万元很快就到了700万元。当时基本上所有品种和指数都跌到了最低，就一个品种没跌，那就是棉花。于是，我就开始一路空棉花。没想到，我从16750点建仓进去，棉花最低也就跌到16000点，后来我就爆仓了，而棉花则创下了140年来的新高。

爆仓以后，我和当时的女朋友也分了手。当时觉得压力很大，感到生活很无望，就去医院做了咨询。医生一上来就给我开了抑郁症的药，但是吃了那个药以后，我的大脑反应速度开始变慢，后面也就没敢继续吃。因为没钱，我觉得自己的人生极度灰暗。

我是一个比较执拗的人，因为在棉花上爆了仓，我那段时间就经常去图书馆查阅有关棉花的资料。机缘巧合下，我认识了一个做棉花的大姐，她正好在金融街的棉花现货交易所当高管。后来她给我介绍了一个高手，让我去做棉花研究员。那个高手当时给我发了一份棉花的报告，其实就是现在的供需平衡表，我一下就被那份报告迷住了。但是在接触以后，对方认为我不符合要求，不太适合他们公司，拒绝了我。努力多次还是被拒绝后，我只好作罢。

不过经高手介绍，我拜了一位北大的老师为师，开始每天抄佛教六度。那时候给的工资也不高，就6000元。当时老师让我调整了一段时间心态，就开始给我钱，让我从黄金、白银开始练。练了一段时间，不久就开始盈利，盈利之后钱就加了。在北大老师的身上，我学到了资金管理的重要性。之后，我就开始做信托产品，国内首只黄金信托就是我做的。

2012年，我来到了上海。到上海之后，我发现整个交易世界都不一样了。

在我当时住的小区里，有很多厉害的老师，我就天天过去请教。之后，梁老师给我写了一个基本面的框架，我记了两张纸。我原来是纯技术面，但自那以后开始了基本面和技术面相配合的研究。

后来，我自己做交易又开始赚钱了。拿3万元参加了CCTV"天纵期才"期货大赛，累计总收益翻了5倍多。我做了一把铜，拿了8个月之后才下跌。钱多了以后，我就开始日内交易，后来做着做着就上去了。

之后，我去了盈科旗下的盈达资本做副总裁，主要负责基金经理的管理和产品的发行。2016年出来之后就自己单干，一直到现在。

问题2：参与了这么多的投资标的后，为何最终钟情于期货投资？

梅玉玺：我觉得是兴趣，是自己发自内心的一种热爱，骨子里觉得自己适合做期货。很多人觉得在做交易的过程中，自己能在这个市场上赚很多钱，可以实现逆袭，成为"大佬"。但是我认为，这只是一个梦想，你不可能一上来就赚很多。

问题3：17年的期货投资，相信您也是跌跌撞撞走过来的，那么给您带来最大的感悟是什么，中间是否也有过迷茫、犹豫？

梅玉玺：做任何事情，逻辑思维很重要，做人要有谦和度。最大的收获就是一定要知行合一。一直以来，我都是做出来以后再去揭示自己的成绩。因为我觉得，在很大程度上，说到和做到是两码事，实践才是检验真理的唯一标准。

问题4：您经历了多次大亏，也曾因此患上抑郁症，可能很多人会就此选择离开期货市场，是什么原因让您坚持下来？

梅玉玺：这种情况我遇到太多次了，光亏损，就经历了4次大亏，而且每次亏完之后都会走一个女朋友，属于极度重创。但是在重创之后，还是需要自愈。另外，交易员一旦不赚钱，就会觉得自己啥也做不了；去其他行业，年纪大了，也不适合，所以，**一直以来，我都有生存的危机感。**

在没有实现稳定和对这个市场有一定的认知之前，我觉得交易员的生活都是恍恍惚惚的，有可能2020年赚了，有可能过几年才赚，但也有可能一直不赚。而且这个行业是带杠杆的，起落的速度太快了。

作为一名交易员，可能你大部分时间都被电脑占用，我觉得从某种程度上来说，也挺可悲的。我认为，这是一个既悲壮，又辉煌的行业。而我骨子里一直坚信自己可以做大。我觉得这是一种信念，加上本身也非常喜欢这个行业，所以一直坚持到现在。

我一般做交易（尤其在亏损之后），各方面都不会求人，就自己慢慢熬。但并不是每个人都能熬过来的。我经历了从小钱滚到大钱，又从大钱滚到小钱的过程，但大多数人基本上在亏了钱之后都会比较茫然，这也是大家在交易过程中经常会遇到的问题。进入这个行业以后，你会发现自己的不安全感非常强，尤其是在似成非成的阶段，这甚至会影响到你和父母、朋友的关系。所以我说，如果能将交易做好，可能在认知层面会比普通人高一个层次。

问题5：您说"只有活着才能有继续下去的资本"，那么在残酷的资本市场中您觉得怎么样才能做到"活着"？

梅玉玺：主要是普通投资者的风险意识不是很强，因为没有发生过爆仓。但是在这个市场，活到最后还是看生存能力。很多交易员有一个误区，觉得这把亏了之后就不会再有机会了，其实不是这样的，只要调整状态之后，还可以再赚。这么多年下来，爆仓那么多次，我觉得活下去是最重要的。

问题6：您之前曾说过，自己做交易17年，在第10年的时候才开悟，何为开悟，悟到了什么？

梅玉玺：**所谓开悟，就是指对市场的清晰程度，对市场要有研判能力，这需要时间沉淀。**我觉得大多数人都没有形成自己对市场的研判能力。不是说学习了某些东西就能开悟，如果你没有经历过牛熊，也没有经历过长期亏损，那么对市场的认知就不是很深刻。

这种开悟其实就是对交易的清晰程度不断增加，每过一年就增加很多，只要不离开这个市场，我觉得都有机会熬出来，关键是看能否熬到那个点。也就是说，清晰程度取决于你在市场里待的时间，你对市场的认识不能停留在每天高抛低吸的阶段。

问题7：看到您在"雪球"上做了非常多关于股票的分享，您的投资资产配置是怎么样的？

梅玉玺： 股票占90%，期货占10%。我刚才也提到，"死"过几次之后会发现只要留着资金，就可以多做几次，所以每亏光一次，就拿出10%，还可以继续交易。况且，人都有状态好的时候和不好的时候，这次输了，隔段时间就赢了。

问题8： 股市在2020年3月后走出了非常不错的上涨行情，很多机构都认为"牛市"来了，您如何看待当前的股票市场？

梅玉玺： **我对整个股市的后期发展非常看好**，但我看的时间周期比较长，5～10年。因为**中国综合国力排名世界第二，但是指数表现一直很不好，我觉得未来5～10年，包括股指的上涨幅度，我个人看到10000点**，快的话3年，因为它有个大幅拉升的过程。中国股票的价格比美股便宜很多，中国最牛的股票是茅台，**我认为中国未来肯定也会出现一些"巨无霸"级的超级"大票"。**

问题9： 这两周股票调整比较厉害，您觉得是什么原因造成的？

梅玉玺： 主要是7月的M2数据不是很好，其实职业选手一般关注的不是个股题材，而是看往市场里充了多少钱。我觉得下旬应该会好一些。

问题10： 您觉得这波调整结束了吗？

梅玉玺： 看美股吧，我觉得美股至少也要走两周。

问题11： 期货市场在2020年也有较大的发展，仅1—7月，成交量同比增加了40%以上，那么在目前，您认为哪个市场更值得去做配置？

梅玉玺： 从安全配置来看，还是原来的比例，股票90%，期货10%。因为期货本身杠杆就比较大，交易期货能否赚钱其实跟资金量大小没什么关系。

问题12： 您主要会做哪些商品品种，选择这些品种的依据是什么？

梅玉玺： 铜、铝、锌、金、银、橡胶等，这些大的宏观性品种做得比较多。比如郑州交易所和大连交易所的一些品种，没有外盘，而且体量不大，没有做过实地调研是做不了的。但是大的宏观性品种，个人或者机构想左右它的方向很难，这其实也是一种比较懒的方法。

问题13： 这两年，商品市场的调研活动比较多，包括我们七禾网也在组织一些调研活动，您怎么看这样的活动？

梅玉玺： 参与！其实对于调研，很大程度是看调研的精度和准确度。大多数人调研是到实地感受一下，但是过去看一下解决不了什么问题。我们调研一般情况下是找这个领域做得很好的人，这样的调研数据和真实度可能会可靠一些。

问题14：2020年由于疫情及国际宏观形势的影响，多个商品品种出现了较大的行情，随之产生的风险也非常大，面对这样的行情表现，您觉得是机会大于风险还是风险大于机会，应该如何来应对？

梅玉玺：我觉得机会大于风险，2020年是出单边行情比较多的市场，前几年都没有出过极度单边。

在应对方面，我的建议是股票配置持仓不动，**我只做和期货相关的股票，其他不碰，这样比较省力。另外，在期货上不敢做的品种，买股票就可以了。**

我为什么不去做科创板和创业板？因为很多根上的东西我不知道，比如价格从50元涨到400元，我300元多入场，但是它打到了100多元，有可能会涨上去，也有可能还会跌很多，所以，这种股票我一般不碰，只赚能力范围之内的钱，其他的不是很重要，我就做好一个板块就行了。

问题15：2020年股市的消费品板块比较出彩，比如白酒和调味品，您是怎么看的？

梅玉玺：这种刚需的东西每天都在用，随着通货膨胀等各方面因素，价格会越来越高，还是挺看好的，不过现在茅台价格比较高，包括五粮液、泸州老窖等。

投资考虑的是什么？考虑的是企业后期能一直增长，我一般喜欢便宜、能往上翻倍的股票。大票我没怎么买，买的全是金属。

问题16：2020年剩下的几个月您会关注哪个板块或者哪些品种？

梅玉玺：**现在临近美国大选，我估计大宗商品应该还有最后一波，因为不确定因素加上疫情，之后可能会进入暴跌。**其实2020年疫情推升了大宗商品的价格，如果疫情好转，货币就会收紧；疫情不好，大宗商品也跌，但是已经推升很高了。**我建议还是买黄金，我觉得2021年黄金价格会更高。**逻辑在于，2020年下半年（有可能10—11月）发生一波暴跌之后救市往里面注水，只要黄金价格没有跌破1700多，基本上它会在大的区间调整，调整之后**2021**

年到2700点都有可能。所以我觉得该买点山东黄金等股票，我一般持仓都是几年。

问题17：您认为投资者彼此的知识结构相差不多，差别只在于个人的性格，那么什么样的性格更容易在投资中获得成功，您觉得您的性格如何？

梅玉玺：我觉得**每种性格都可以获得成功，关键是看你对市场的认知程度**。有的人非常灵活，适合做短线，有的人性格比较坚硬，适合做长线。但是确定一种方式之后要一直保持，如果长短皆做，我觉得不会很好，因为它是两种不同的思维方式，做久之后人会乱掉。趋势做久了之后，不太关注回调幅度；短线做多了之后，对止损比较敏感。不关注回调有可能已经反向了，特别敏感又拿不住单子，所以这是双刃剑，不可能做得非常完美。

我的性格适合做长线，而且单品种压一个方向。

问题18：您有过一年就实现1个"小目标"的经历（2013年、2014年每年盈利1亿元以上），也遭受过重创，只剩10万元的时候，数次大起大落对您的交易思路、交易心理甚至是人生产生了什么样的影响？

梅玉玺：我每次失败后就会改变一个交易习惯，交易员亏损之后为什么会盈利？并不是别人告诉他的，一般情况下别人只会告诉他不应该怎样，但这样做他没有自己的体会，必须得掉坑足够深以后才能慢慢领悟。尤其失败之后在没有人帮助自己的情况下再爬起来，内心的坚毅程度会提高很多，到后期才能够驾驭资金。未来想做大做牛，肯定还是要驾驭资金，包括对风险的警惕程度也会高很多，**在市场做得越久的人越厌恶风险**。

问题19：我们看到您这些年参与过国内多个实盘大赛均以令人惊讶的收益表现名列前茅，这与您平时的交易风格相符吗？还是您在操作大赛账户时会更激进一些？

梅玉玺：因为比赛账户不是很大，基本上随便做做，但是整体管理资金规模还是要看资金比例。如果拿大赛的交易风格去管理资金，就会"死"得很惨。所以，参加大赛的账户和个人正在管理的账户操作风格是不一样的，资金比例也完全不一样。

问题20：那您参与大赛的目的是什么？

梅玉玺：说不上来，有时候做着做着就到前几名了。其实最早做交易喜欢参加大赛就是想出名，因为只有在这条路上实战出来的人含金量才会高一些，是为了生存！

问题21：我们从您的爱好与习惯中看出您其实平时是个挺安静的人，为什么一到市场上就成为那种追求数倍收益的"战士"了呢？

梅玉玺：性格上还是比较喜静的，喜欢安静的状态，其实骨子里比较刚，外柔内刚。**我希望在金融市场上能够达到一个位置，比如像这些高手们，做到一个自己认为满意的程度。**我比较喜欢从0到1的过程，觉得很有意思。

问题22：您觉得您目前处于什么样的程度，离预期位置还有多远，标准又是什么？

梅玉玺：我希望在金融市场上能够达到一个位置，比如像一些高手们，做到一个自己认为满意的程度。**目前离预期位置还有5年的时间，标准是百亿规模以上。**最近在考基金从业资格证，等着发产品，股票占大头，期货配比不到10%。

现在管理的资金是机构分仓过来的。我接资金只接两种，一个是机构，一个是特别有钱的老板，其他散户不接。

问题23：在市场中，越高的收益代表着要承担越高的风险，您可承受的回撤是多少，为什么？

梅玉玺：每次只拿出总资金的10%，亏光之后再拿10%。外界看来，我是满仓做，觉得我风控做得不是很好，实际上对我来说这点钱只是我总资金的10%。

因为人都有状态，状态不好的时候也会亏损，在这个过程中，最重要的是保证自己能在市场上继续生存。就像前面强调到的，只要你有赚钱能力，跟资金大小没关系。

问题24：您主要还是做长线趋势为主，采用基本面和技术分析相结合的交易方式，近两年市场上掀起一股"调研潮"，调研形式层出不穷，大家的参与积极性也非常高，您怎么看待这一现象，您自己会去参与类似的调研活动来获取基本面信息吗？

梅玉玺：现在有几家公司配有研究员，行业内的朋友也会给我发一些国外的调研报告，同时我自己也会买一些报告。此外，平时会和行业内某个领域非常专业的人和基金规模做得比较大的人沟通聊天。

问题25：早在2009年，您就已经操盘5000万元的资金并在短短两周时间就能盈利1400万元，这种短期暴利对您交易体系的形成是好事还是坏事？

梅玉玺：好事。首先你得碰过大钱——**做交易不管亏赚，得碰过钱**。很多人对账户数字特别敏感，我个人不是很敏感，不管对还是错，要贯彻到底。如果比较犹豫，左顾右盼，我认为不太适合做交易。所以**对于资金，很大程度上我觉得做得越大越好**。

问题26：您刚才说对账户数字并不敏感，那什么样的数字或者信息是您比较关注的？

梅玉玺：就比如赚钱，很大程度上扛盈利能扛个半年或者一年，一直放市场里面，但别人害怕回吐。我对亏钱比较敏感，如果钱亏多了，我可能就会全部砍掉。

问题27：您曾管理过25亿元的资金规模，放到现在也不亚于一个中型私募机构的资金量了，用您的交易系统能否承载，当时的管理业绩如何？

梅玉玺：不同基金有不同名字，比如房屋租赁基金、新三板基金，还有股票和期货的基金。当时股票和期货配得不是很多，产业基金配得比较多，时间比较长，周期比较长，另外后期的投资管理比较复杂。

我们当时离开的时候，股票基金的业绩还可以，期货的还没有发行，产业基金发得比较多，总体还是挺好的。

问题28：在基金管理的过程中，考虑到风险控制等因素，您是否会使用不同的交易系统？如有，特点是什么？

梅玉玺：肯定的。管理规模增大之后，体量大了之后，配置的品种、策略都会不一样，尤其是资金量越大，对冲策略跟得越紧，不能是裸单边。目前还没有考虑做套利，因为套利对微观的东西要求很高，大部分做的还是宏观对冲。

问题29：您大学学的是计算机专业，上海做量化的机构特别多，而且做得出色的也很多，您为什么不选择做量化？

梅玉玺： 每个做量化的人首先最好是程序员出身，对编程过程中出现的BUG 要能很清楚，快速解决。除非我找到一个人，特别信任他，否则不做量化，因为程序出错的时候会连续几个月都出错，如果进入亏损周期，我不知道自己还能否坚定做量化交易。

做量化交易的人挺多，其实量化策略跟做主观差不多，当策略和行情一致时，当年的量化业绩就会暴增，但是当行情不一致时，可能会淘汰掉一批做量化的人。不是说你编的程序策略多厉害，而是看当行情发生转变时你如何调整。

我编程方面不是很专业，出现BUG的时候我会慌，所以我不做，因为做任何事情我都是自己一把抓，任何单子做下去落棋不悔，亏或赚都认。其实做量化交易的公司很多，但出名的就那么几个，做量化的风险也是挺大的，包括套利也有风险。**在这个市场里没有绝对的安全边际，想活着，就需要拿资金比例来控制风险，否则你2020年再厉害，2021年就看不到了。**

问题30："亏损最严重的时候，我仍相信自己可以东山再起"这句话非常有力量，支持您有如此自信的依据是什么？

梅玉玺： 我觉得应该是一种性格特质。**我为了交易放弃了很多，几乎除了交易，什么都不会。唯独在市场里面，感觉自己比别人有优势**，比如别人赚钱很难，别人暴利很难，但是自己可以经常做到。我只需要把风险控制等各方面调整好，也就是尽量消除BUG。

其实我觉得这跟人的信念有关系，**我做任何事情决定了就会一直干，除非身体出现问题，否则就会一直坚持。我觉得相信自己能行比什么都重要，同时我认为信念不可复制**，因为在极度绝望的时候，生活没有保障，不知道接下来的路该怎么走，就唯有靠信念支撑。生活还是要继续，只能**精细化做交易，糊涂中求生存。**

问题31：您的昵称是"神奇小子"，您在雪球以及微博上也都用了"神奇"两个字，为什么是"神奇"，"神奇"在什么地方？

梅玉玺： 当时没有想太多，就觉得自己能做出非常亮眼的东西。就像利弗摩尔，他当年也算是"神奇小子"，"神奇小子"其实是指在天赋方面比较有优势。我觉得"神奇小子"给人的感觉就是我要在这个市场里赚钱必须出奇制胜，用奇招，普通人用的那些招数我觉得很难出众，所以**"神奇"很大程度上可以拆开理解：上天庇佑，出奇招。**

问题32：您刚才也提到了天赋，您觉得在交易市场中，天赋和勤能补拙哪个重要？勤能补拙的投资者能否在这个市场中生存下来？

梅玉玺：我觉得两者缺一不可，因为在这个市场很难成功，即便投资者勤劳到一定的程度，如果没有兴趣，如果觉得交易很累，就不太适合做交易。还有一种是现在不赚钱，但是很享受交易的过程，我觉得这和天赋有关，有了天赋之后，你会感觉自己比别人有优势，坚定自己能够脱颖而出。比如看报告，你要把所有的数据和文字归纳总结出来，得出你对市场的判断，并不是说你看了一份研究报告，研究员告诉你方向如何你就如何做。**我觉得天赋可能是可以发现市场里很多微观的细节，也就是对市场的敏感程度，根据一些数据、内容形成自己的判断，验证自己的推理。**

我觉得天赋最重要的是发现一些灵感上的点，而这个点很难被赋予，包括交易的暴利也来源于灵感和经验。很多人其实很努力，但是不出业绩，**交易不是教出来的，是实践出来的**，必须经历长期亏损的过程，就如做实体一样，不可能一开始就做得风生水起，成规模体系之后，可能就非常轻松了。但普通人如果只是冲着钱来这个市场，最后的结局就是钱没了，人离开。

问题33：我们之前也聊过，虽然现在国内期货市场散户占比95%，但在资金层面上可能有了非常大的变化，机构资金或者专业资金占比更大了，您参与市场17年，觉得对手有了什么样的变化？

梅玉玺：因为我是做趋势的，所以认为变化不是很大。之所以一些人说变化很大，是因为有些炒手可能就一套策略，策略不行，就换掉了。例如套利，在2010年以前，套利空间特别大，现在套利空间极小，这对做产业和做套利的交易者有影响。其实现在市场里非常赚钱的套利模式大家基本上都知道，但市场里能做出暴利的方法我觉得不是很多，所以我这种方法能一直在市场里做趋势，没有被淘汰。

例如量化，他们可能对硬件要求比较高，要在交易所附近，要超高频网速等等，需要不断更新。我觉得趋势交易好像没有什么可更新的，有方向的时候，或者赶上特定的点，符合就入场，不符合就不入场。

问题34：国内资本市场已经迎来了机构化的时代，您也有自己的投资公司，您觉得面对更加专业化的对手时，您的优势或者核心竞争力是什么？您公司未来的规划是什么？

梅玉玺：我的优势一是有经验；二是有毅力和耐力；三是不断学习，一直处在精进的过程中。

对于核心竞争力，我觉得应该是我个人对市场的一些认识，**我认为交易员都是独一无二的，每个人的法宝取决于自己之前的一些经历。**

对于未来的规划：想做成业内比较大的私募基金公司，根据自己的情况稳步前行。

方杭瑞：强驱动+好估值=安全边际

（2020年11月11日　沈良访谈整理）

方杭瑞

兰瑞系列产品基金经理。浙江义乌人，办过工艺品厂，1998年参与股票投资，2007年参与期货投资。

期货交易从日内短线开始（短线交易曾从数十万元做到数千万元），后来到隔夜短线、波段、中线、对冲，一路不断提升交易周期。随着交易周期的延长，从技术面为主转变为基本面为主。现在主要以短线波段、中线波段、对冲交易为主，主要依据基本面研究。

第九届"蓝海密剑"中国对冲基金经理公开赛晋衔奖，"少校"军衔；第十一届"蓝海密剑"中国对冲基金经理公开赛晋衔奖，"大校"头衔。

精彩观点：

做了这么多年交易，主要体会有两点：一是期货市场永远不缺机会，保证本金的安全最重要。二是严格风控。

供求驱动向上或者宏观驱动向上，估值又处于低位，这时候就有比较好的安全边际，成功的概率比较高，盈亏收益比也会比较好。反过来也一样，驱动向下的时候，它的估值很高，在安全边际的点位入场，会有很好的盈亏比。

现在宏观环境明显转暖，疫情后的经济复苏比较明确，宏观驱动向上。在这样的大背景下，估值非常低的品种就具有很高的安全边际，哪怕是轻仓逢低入场不止损都没有太大风险。

大背景不容易错，越大的东西越不容易改变，然后在大背景下寻找最适合的品种。

估值很重要，估值的高低和安全边际挂钩。

分析一个品种供求关系的时候，估值非常重要，况且价格高和利润高还会影响供求。

零几年的时候是技术分析得天下，近几年是供求分析得天下，现在研究供求的人多了，供求分析也没有那么神秘了。

现在想做好交易，不仅仅要会供求分析，还要会宏观分析。

宏观因素的重要性在大幅提升，现在市场上影响最大的宏观因素有几方面：一是疫情，二是货币政策，三是国内政治氛围、中美关系等等，当前最重要的还是疫情、货币政策和美国大选。

如果拉尼娜现象不严重，那么豆粕也能维持当前价格，因为目前豆粕价格属于中等偏低的位置。如果拉尼娜现象严重，在全球大豆低库存的情况下，很有可能造成一波牛市行情，这是我们现在重点考虑的机会。

国内原油升水太大，不适合长持，燃料油是一个可以考虑选择的品种，因为它的升水稍微小一些，并且它跟原油的关联性比较强。

我认为现在机会最好的可能是原油，因为它的估值比较低，具有很高的安全边际。

长期来看，我对中国的股票市场非常看好。注册制的推出、退市制度的完善，都标志着A股市场正在和成熟市场接轨。股指期货的逐步放开，也意味着这个市场正在变得越来越成熟。中国资产配置的大背景会慢慢从房地产转向投资市场。

从长期来看，A股市场具备长期慢牛的格局。但从短期来看，则可能分化比较明显。

在目前疫情得到有效防控、经济逐渐复苏的背景下，市场主题会转向周期股，因为周期股在低位。2021年医药股的机会可能不会太好，甚至必须要回避一下。

受疫情影响最大的那些板块，比如旅游酒店、航空运输、稀缺资源甚至是银行等周期类标的，可能是2021年值得去把握的机会。

A股市场不具备快牛的条件。

我们在标的的选择上是自上而下的有目标地去选择。

我现在最看好的就是经济复苏这个大主题，这可能也是2021年上半年最重要的一个主题。

在2021年，至少是在上半年，美股可能会高位震荡，A股大概率也是宽幅震荡，可能会向上拓展一定的空间，但比较有限，且比较慢。

我认为港股是最值得去投资和配置的。

问题1： 方总您好，感谢您和东航金融、七禾网进行深入对话。春节前（2020年1月下旬）您把期货账户清仓，完美躲过了新冠肺炎疫情的"黑天鹅"风险。您当时是出于怎样的考虑把账户清仓操作的？新冠疫情对行情的影响在您的意料之中还是意料之外？

方杭瑞： 当时看到新冠肺炎疫情的信息，没有想到会这么严重，如果知道这么严重，就不会空仓了，应该入场做空。

做了这么多年的交易，主要体会有两点：一是期货市场永远不缺机会，错过了这次机会，还有其他机会，**保证本金的安全最重要。二是严格风控，**因为这些年过节的时候吃过一些苦头，后面慢慢养成节前把仓位降到很低位置的习惯。基于这两点考虑，于是把账户都清仓了。

问题2：为什么这一次选择全部平仓而不是减仓？

方杭瑞：没有太多思考，只是没有自己认为非常重要、一定要持有的单子。

问题3：您认为做期货要找有安全边际的投资机会，请问您怎样理解"安全边际"？怎样才能找到并抓住这类机会？

方杭瑞：安全边际在股票上体现得更加淋漓尽致，期货市场有杠杆，安全边际只是相对的。比如**供求驱动向上或者宏观驱动向上，估值又处于低位，这时候就有比较好的安全边际**，成功的概率比较高，盈亏收益比也会比较好。反过来也一样，驱动向下的时候，它的估值很高，在安全边际的点位入场，会有很好的盈亏比，这种机会非常值得重点把握。

问题4：怎么抓这种机会呢，是把所有品种分析一遍吗？您是否有相对规则化的分析系统？

方杭瑞：一般是由上至下寻找机会，例如宏观有大的转向，就像**现在宏观环境明显转暖，疫情后的经济复苏比较明确，宏观驱动向上，在这样的大背景下，估值非常低的品种就具有很高的安全边际，哪怕是轻仓逢低入场不止损都没有太大风险。**

问题5：您以前以短线为主，现在以波段为主；以前以技术分析为主，现在以基本面分析为主，为何转变交易风格？

方杭瑞：有几个方面的考虑：第一，我以前做的短线非常短，管理资金的能力比较小，为了管理更多资金，逼着自己把周期做长。第二，技术面的高手越来越多，技术分析失效的概率越来越高，以突破举例，以前一旦突破往往会上涨一段时间，现在可能一突破就是最高点。从这些方面考虑，**技术分析转为基本面分析是非走不可的路。**

问题6：有人说技术型选手很难转变为基本面选手，您是如何做到的？

方杭瑞：我的转变也不是一帆风顺的，从技术面转到基本面的过程中，也有很多次迷惘。比如我慢慢丢弃了一部分技术面转成基本面，在这个阶段中基本面时而有用，时而没用，并且这个阶段比较长，甚至有时半年以上都处于这样的状态，心态也比较忐忑，一方面想着放弃基本面回到技术面，一方面又不甘心回到技术面，因为基本面有很多地方优于技术面。

技术面有点盲人摸象的感觉，在某个位置突破入场，但是不知道行情会走到哪里，心里没底拿不住单子。而基本面能分析行情的推动因素，分析时间周期，相对能拿得住单子，利润上也有更好的爆发力。综合这些因素考虑，我决定要转成基本面，遇到困难的时候就停下来，慢慢转变，先以技术面为主，继续研究基本面，经过几次这样的迷惘阶段，我终于成功转型为基本面分析。虽然过程比较曲折，甚至有五六个月都是亏钱的，还好，因为我的风控能力比较强，所以亏得并不多，但当时对信心有所打击。

问题7：您一般从哪些渠道获取一个品种现货产业的供求信息？如何确保信息的真实性、及时性？

方杭瑞：信息的获取分为三个方面：第一个方面是公开的资料。第二个方面是收费的网站、收费的信息。第三个方面是和高手讨论、和朋友讨论，或者去调研。基本上从以上三方面获取信息，然后再对这些信息进行研究分析。总的方向是由上而下，因为不可能每个品种都研究，**首先抓住大主题，然后挖掘主题下的交易品种，**例如猪肉价格上涨，就沿着这个脉络去挖掘相关品种可能的机会。又如疫情后整个经济会慢慢恢复，处于复苏周期，会思考复苏周期下哪些品种会有机会，通过这个脉络往下寻找机会。这样做的准确率比较高，目标性比较强，比较容易挖掘。因为**大背景不容易错，越宏观的东西越不容易改变，在大背景下寻找最适合的品种才靠谱。**

问题8：在分析一个品种的供求关系对价格产生影响的时候，您是否也会考虑估值的高低、价格的高低？

方杭瑞：**估值很重要，估值的高低和安全边际挂钩。**例如800元/吨以上的铁矿石，虽然有向上驱动，但我会选择放弃做多，因为它的估值太高了，向上的空间也就100点左右，万一供求转变，向下的空间可能有300点，所以这种机会不值得做。当然，如果是短线交易的手法，可以尝试。例如当前的玻璃，价格在1800元/吨左右，即便驱动向上，空间就200点左右，玻璃的成本在1200元左右，向下的空间可能有600点，所以这种机会也不值得做多。

分析一个品种供求关系的时候，估值非常重要，况且价格高和利润高还会影响供求。再以玻璃举例，现在可能是史上最高利润，达到了600元左右，在利润这么高的情况下，肯定有人会想尽一切办法增加供应。

问题9：近年来，"宏观因素"对价格的影响越来越大，您是否会关注和分析相关宏观因素？您觉得目前最大的宏观因素有哪些？

方杭瑞：零几年的时候是技术分析得天下，近几年是供求分析得天下，现在研究供求的人多了，供求分析也没有那么神秘了，大家都在研究，盘面价差的反应会比较充分。比如某个品种基本面不好了，远月贴水的幅度非常大，这时候就体现宏观分析的水平了。有时候供求驱动向上，但是突然转向，就是突发的宏观因素影响导致的。**现在想做好交易，不仅仅要会供求分析，还要会宏观分析。**

宏观因素的重要性在大幅提升，现在市场上影响最大的宏观因素有几方面：一是疫情，二是货币政策，三是国内政治氛围、中美关系等等，当前最重要的还是疫情、货币政策和美国大选。

问题10：这三个因素对整体商品而言，或者对整体股市而言，都是利多的还是利多、利空均有？

方杭瑞：我逐个分析：**对于疫情**，中期是向好的。

对于货币政策，从疫情开始就一直非常宽松，待疫情结束可能不再宽松，对股市的推动已见顶了，但对商品的推动还没有体现，因为影响到供求商品才会体现。如果货币政策不再继续刺激，保持一个比较宽松的环境，那对商品的刺激推动是向上的。

对于美国大选，中期来说这个事情对市场不构成利空。

从这些最重要的因素考虑，长周期来看对商品应该是偏好的，**我对当前的宏观判断是驱动向上。**

问题11：天气对农产品价格涨跌的影响较大，您有没有关注拉尼娜现象以及可能的机会？

方杭瑞：我一直在关注拉尼娜现象。农产品上涨靠天气，如果天气出问题，农产品的涨幅会比较大，而且可能很流畅，是大机会。**现在最应该关注**

的机会是豆粕，美国大豆的库销比达到了比较低的水平，中国的需求大概率会慢慢向好。在这个背景下，如果拉尼娜现象不严重，那么豆粕也能维持当前价格，因为目前豆粕价格属于中等偏低的位置。如果拉尼娜现象严重，在全球大豆低库存的情况下，很有可能造成一波牛市行情，这是我们现在重点考虑的机会。

问题12：如果您分析预判一个品种未来会有一波大行情，您倾向于一直持仓拿住还是分段操作？这两种交易方法各有何优劣？

方杭瑞：分析一个品种大机会的时候，会考虑这个品种是快涨还是慢涨，这个驱动是长期驱动还是短期驱动。如果驱动很强，它应该是快涨，就应该一口气入场持有到最后。如果驱动比较长，它应该是慢涨，中间可以锁仓，慢慢降低成本，在合适的位置加仓来把握这一波行情。

对这两种交易方法各有什么优劣的问题，我认为如果是分段操作，管理基金产品会好一些，因为资金曲线比较平滑，不会有大回撤。如果是一口气入场持有到最后，一旦行情出现大幅波动，回撤就会比较大。从资金曲线的角度来说，分段操作会比较平滑。

问题13：分段操作是否会漏掉一些行情？

方杭瑞：这种情况我也会遇到。分析某个品种未来有大行情时，我认为它应该是慢涨，不会一口气走到头，因为当前基本面不支持那么强的驱动，涨到目标位之后，倾向于先锁仓。如果行情按照我预期的节奏走，就会有比较好的收益；如果行情和我们的节奏判断不一样，是快涨行情，锁仓就会锁掉后面的机会，得失只能看淡一些。

问题14：基金产品的期货账户您一般同时持有几个品种，每个品种的仓位范围多大，整个账户的仓位范围多大？

方杭瑞：**单个品种的仓位控制在15%以内**，期货有杠杆，做对后收益也比较可观。整个账户的仓位不确定，一般来说不会太高，如果产品盈利了，或者某个单子做进去是盈利的，或者机会比较好，也有可能把仓位放大，当然前提在风险可控的情况下扩大利润。

主要的交易品种一般是3~4个，当然也可能会另有几个试单的品种。

问题15：您如何设计和执行一个品种的止盈位、止损位？

方杭瑞：止盈位和止损位在交易中是非常重要的，**我考虑最多的是盈亏比和风险收益比**，如果机会非常大，那我承受的止损位会适当放大一些。如果仓位较重，那我的止损位就会相对小一些。如果这个机会有很强的安全边际，并且仓位是慢慢布局的，我甚至暂时不设止损。止损和止盈不固定，总的原则就是要有大的盈亏比，有很好的风险收益比。

问题16：您认为未来较长时间"疫情后的经济恢复"可能是商品驱动的主逻辑，那么在这一逻辑下，哪些板块或哪些类型的品种可能会有较好的投资机会？

方杭瑞：从疫情、货币政策等角度来考虑，宏观因素是向好的，疫情结束是必然的，**2021年最重要的一个投资主题就是疫情后的经济恢复，从这个脉络往下寻找机会**。就当前的估值来看，原油40美元以下估值非常低，到2021年上半年，它可能有一个比较大的上涨空间，原油下面的一些品种也可能有比较好的涨幅。国内原油升水太大，不适合长持有，燃料油是一个可以考虑选择的品种，因为它的升水稍微小一些，并且它跟原油的关联性比较强。还有PTA，虽然基本面不好，但是它的价格从9000元跌到3000元左右，这个估值下，它向下的空间非常小；向上空间有多大现在也不是很好判断，但至少越往下跌越安全。

问题17：除了原油系的板块，还有没有关注其他板块？

方杭瑞：**我认为现在机会最好的可能是原油，因为它的估值比较低，具有很高的安全边际**。在经济复苏的主题下，它后面可能会补涨。像有色这类品种涨幅就比较大了，我还没有去深入研究。

问题18：您也在做股票和股指期货的投资，就您看来，A股目前处在怎样的阶段或状态，未来看涨还是看跌？

方杭瑞：长期来看，我对中国的股票市场非常看好。注册制的推出、退市制度的完善，都标志着A股市场正在和成熟市场接轨。股指期货的逐步放开，也意味着这个市场正在变得越来越成熟。中国资产配置的大背景会慢慢从房地产转向投资市场。所以，从长期来看，A股市场具备长期慢牛的格局。

但从短期来看，则可能分化比较明显。

问题19：短期分化是指板块间的分化还是其他方面的分化？

方杭瑞：之前医药股、科技股都涨得非常好，但在**目前疫情得到有效防控、经济逐渐复苏的背景下，市场主题会转向周期股，因为周期股在低位**。2021年医药股的机会可能不会太好，甚至必须要回避一下：一是大量采购降低了医药股的利润；二是前期因为疫情，医药生物板块全面上涨，部分疫苗概念股已经涨了十来倍，我觉得2021年这一类医药股就不要去看了，甚至三年之内都不要去看了，估值炒得太高了。

科技股则会分化，真正的好公司会持续走牛，但目前很多公司都已经炒作过头了，可能会经历调整。

而**受疫情影响最大的那些板块，比如旅游酒店、航空运输、稀缺资源甚至是银行等周期类标的，可能是2021年值得去把握的机会**。

问题20：您觉得目前影响A股涨跌的核心因素有哪些？

方杭瑞：中美关系对A股的影响是长期的，不管是特朗普连任还是拜登上台，中国外部的局势都不会太好，可能拜登上台后会变得更差。从这个角度看，**A股市场不具备快牛的条件**。

但是短期来看，疫情过后经济开始复苏，加上货币政策还维持在相对宽松的状态，而且银行、稀缺资源等许多受疫情影响较大行业的估值都还在低位，这些行业、板块的上涨会慢慢驱动市场走出慢牛行情。

问题21：三大指数——上证50、沪深300、中证500您更看好哪个，为什么？

方杭瑞：**从当前来看，应该是沪深300好一些**，因为里面周期类的公司占比比较大。长期没法判断，因为这些指数的成分股是会调换的。比如上证50，可能以后里面会有中国龙头的科技公司，那这个指数就具备活力了。

问题22：因为股指期货长期贴水于现货（特别是IC，远月贴水较大），是否适合多单轻仓一直拿着、不断换月？这样的模式中长期能赚钱吗？

方杭瑞：这是一个好策略，我也曾经思考过很多这类这样的问题。但贴水是会变化的，行情不好的时候会贴水，行情好的时候贴水可能就消失了。

如果长期持有，过程非常复杂。这个策略想象起来很美好，但可执行性比较低，一般很难坚持。我曾经也尝试过用这样的策略去做，不过几次都执行不下来。

问题23：执行不下来的原因是价格变化太快还是升贴水变化太多？

方杭瑞：主要原因有两个：一是要不停换月，有时候换着换着就换丢了；二是升贴水变化太多。所以，从我自身角度觉得，这个策略很难执行。

问题24：监管层表示要全面推进注册制，并且退市股票也会增加，您觉得这对股市有何影响？

方杭瑞：**长期来看，推出注册制和完善退市制度是整个市场走向慢牛的基础，对股市的影响是非常正面的。**注册制让上市变得容易，会使整个市场的估值更加合理化。退市制度则能让那些不好的公司退出去，好的公司留下来，在这种情况下，**指数长期来看可能是螺旋式上涨。**

问题25：您选股的核心理念是怎样的？

方杭瑞：几年研究下来，我在这方面的收获是比较大的，也形成了一套自己的选股理念。

股票市场里有几千只标的，比商品期货的品种数量多太多了，挑选起来犹如大海捞针，要想找到几家非常好的公司难度很大。有时候就算找到了，也许估值也已经很高了，这样即使买进去收益率也不怎么理想。

我们在标的的选择上是自上而下的有目标地去选择。比如说猪肉价格走出了一波牛市，在这种情况下，养猪的公司肯定会有比较好的收益，再从养猪板块里去挑选质地最好的一家。**先看准驱动，然后再去找行业里面最优质的公司，这样选股就比较容易了。**

再比如现在的主题是经济复苏，听起来似乎很大，但如果围绕这点深入摸索，也会比"大海捞针"要容易很多，比如疫情过去以后，航空运输、旅游酒店等行业都会复苏，我们就在这些行业里寻找最好的公司。综合考虑内生性驱动和外部因素驱动，如果都非常不错再去看估值，倘若估值也合理，就非常值得去投资了。

问题26：当您特别看好一个企业的时候，是否还会考虑股价的高低、估值的高低？

方杭瑞：一般情况下，估值太高肯定就不买了。如果估值只是相对较高，且处于中等位置，我会去参与，但会设好止损。比如说一家公司的驱动向上，估值较低，那我们买进去就不管了。如果一家公司驱动向上，但已经涨一大波甚至翻倍了，这时候倘若我们认为后续空间还比较大，买进以后会设个止损位。

问题27：目前您看好A股的哪些板块？

方杭瑞：我**现在最看好的就是经济复苏这个大主题，这可能也是2021年上半年最重要的一个主题**。我肯定会集中精力去深入了解，充分挖掘。从这个主题延伸出来，看好的板块是有色资源、旅游酒店、航空运输等。这些板块在2021年会出现复苏，它们的一季报、甚至2021年的中报公布出来可能会有大幅的增长。

问题28：有色稀缺资源这一块是因为随着经济的恢复，工业上对原料需求提高了。旅游酒店、航空运输这块可能是疫情好转后，大家外出增多，相应服务需求也更多了吧？

方杭瑞：对。有色资源这块，现在货币这么宽松，疫情一好转就会开工、加大投资，就容易涨价。即使疫情还没完全结束，这些有色商品就已经有比较大的涨幅了（矿产企业利润已经提升了），可以明确的是，**对这些公司来说，2021年是日子比较好过的一年。**

而旅游酒店、航空运输这块很多股价都还没回到疫情之前的水平，如果2021年疫情结束，价格理应恢复到疫情前的水平；如果是内生性好的公司，在货币如此宽松的环境下，应该是大大超过疫情前的水平。

问题29：有人选好股票之后就直接买入、长期持有；也有人选好股票后还会根据大盘和行业基本面的变化择时一次性买入或分批买入。您觉得这两种方法哪种更好？您如何看待选股和择时的关系？

方杭瑞：还是要根据机会来判断是应该直接重仓进去还是分批逢低买入。如果这个机会是一个很强烈的驱动，最好就是一次性买入；如果是看好某个行业，但行情的发展又不可能一蹴而就，建议还是选择好公司慢慢买入。这个要具体情况具体分析，没有绝对的好坏。

问题30：您的股票账户一般持有多少只股票？仓位如何？

方杭瑞：**一般不会超过10只股票，仓位会根据市场环境来调节。**如果市场环境非常好，我会把仓位做到90%。

问题31：持仓个股的止盈和止损您是如何设置的？

方杭瑞：止盈一般就不设了，如果做对了，那就让利润奔跑。止损方面，如果我们买进一家公司的时候位置已经不低了，但依旧非常看好，就会设好止损。如果我们对一家公司长期非常看好，而且这家公司估值也很低，那就可能不设止损，甚至还会越跌越买。

问题32：对整个账户而言呢？比如一个股票账户会不会因为亏损到一定程度就必须把所有的股票都平掉，或者说盈利到一定程度之后就做一些止盈？

方杭瑞：整个股票账户没有这样的设置。如果行情出现转向，账户回撤比较多，我们会适当降低仓位，主要还是不忘初心，每一家公司都严格按照最初买入时制定的计划去执行。

问题33：未来半年到一年，A股、港股、美股您最看好哪个，最不看好哪个？

方杭瑞：美股的点位已经创下历史新高，从经济复苏的角度来说，它已经将这一利好完全兑现。所以从估值角度看，美股已经不具备上涨的空间了。为什么疫情还没过去美股就创下历史新高了呢？其实是钱堆出来的，也就是放水放出来的，一旦放水停止，美股立马就会见顶。所以，**我并不看好美股向上的空间。**

A股的涨幅远远落后于美股，是因为我们这一次的放水要远远小于美股，所以涨幅也比较小。再说中美关系，在特朗普执政期间不会好，在拜登上台以后更不会好，那么，外资流入中国的速度可能也很有限。从当前的情况来看，外资对A股的配置尚且不构成驱动。如果仅仅靠国内去驱动的话，也驱动不出大的行情。所以，**在2021年，至少是在上半年，美股可能会高位震荡，A股大概率也是宽幅震荡，可能会向上拓展一定的空间，但比较有限，且比较慢。**

我认为港股是最值得去投资和配置的。一是它的估值非常低，与A股相对应的公司相比，港股的股价要低很多；二是这一次人民币大幅升值，而港币是跟美元挂钩的，这会导致港股的估值进一步下降。所以，**港股目前的估值处在一个非常有优势的位置。**但在这种情况下，它为什么没有大涨呢？因为资金流入很有限，仅靠内地看好的资金慢慢去配置港股还不够。2019年香港"修例风波"，再加上中国外部的国际形势非常不确定，外资也不敢轻易流入港股，放水放不到港股，自然也就很难会有很大的行情。但是从估值的角度来说，港股的估值是最低的，是最有投资价值的，所以要说最看好的话，还是港股。

张华国：尽量聚焦，专注到某一条产业链的品种去做

(2020年11月17日　李烨访谈整理)

张华国

　　湖南人，现居南京。2009年进入期货市场，目前专职从事套期保值和期货投资工作，主要做黑色系品种，以中长线为主，基本面和技术面相配合。获第十一届"蓝海密剑"中国对冲基金公开赛晋衔奖，"中将"军衔。

精彩观点：

　　现货行业的从业人员做期货，首先，对期货合约对应的现货会有相对比较全面的认识。其次，对基本面的动态变化等了解渠道较多。第三，基于对产业链的深度理解，对期货合约标的估值更加理性。

　　（现货人在期货市场亏损较大的）主要原因：①缺少平常心；②不会使用

杠杆又经常过度使用杠杆；③没有正确的理念；④缺少交易规则的管控。

我对后面一个多月的钢价总体不悲观。近期价格快速上涨后，2020年12月价格有望高位回落，并维持在高位区间波动，价格不会趋势下跌，小幅调整的可能性是有的。

2020年12月后至2021年春节前季节性消费淡季即将到来，面临季节性累库，（螺纹钢）价格可能会出现回落，但只要没有超预期的利空，价格回落空间也相对有限。

目前澳大利亚的铁矿石开采、发运均处于正常水平，同比上年度，发货量处于发运量区间的上沿，暂未看到影响供给的因素。

从套保的角度看，遇到"黑天鹅"事件可以通过减少期现的风险敞口来应对。从投资的角度看，要减少净单边的头寸，价格变化方向与头寸相反时减仓应对。

近两年是焦化行业产能置换的高峰期，4.3米以上的焦炉被逐步关停拆除，同时按比例系数减量置换大的焦炉，总体置换产能为净减少。

近两年，高炉也处于产能置换中，全国有8000万吨炼铁产能置换，2020年、2021年上半年是新的大型高炉投产的高峰期。

目前上游焦化行业开工处于高位，但焦企、港口、钢企焦炭总库存处于近5年历史低位，且仍有继续走低的迹象，反映为焦炭供需偏紧，价格则表现为强势上涨。

2021年上半年，焦炭供需偏紧的情况还将持续，价格有望维持偏强走势。若寒冬来了，其对双焦供应端的影响大于对需求端的影响，价格有望进一步走强；若寒冬未发生，双焦价格供需仍会偏紧，如考虑到价格反映了寒冬预期存在价格小幅回调的可能，但焦炭供需偏紧的大逻辑有望继续延续。

从黑色产业链看，最看好的品种仍是焦炭。其次，远月的铁矿石价格也被低估，随着时间的推移，铁矿石2109合约的价格有望逐步修复贴水。

利润是市场给的，能否抓住机会就靠交易者自身的交易能力了。

账户要想取得较大的盈利，需要具备三个条件：①市场某个品种出大的趋势性行情；②交易者也正好抓住了这个品种的行情；③交易者在这轮行情中本金的大小决定了最终盈利金额的多少。

与市场保持一定的距离，不被市场情绪牵着跑。

仓位控制在30%左右，上下调整。资金管理方面，当账户盈利后，会逐步出金，并仍将仓位控制在30%左右。行情研判方面，主要是对价格大的趋势方向做判断，并结合近远月升贴水情况进行移仓。具体出入场方面，会进行多批次少量的开仓或平仓。

目前我对豆粕、铁矿、铜等期权都比较看好。隐含波动率高的情况下，做期权卖方，充分利用高胜率的规律，积小胜为大胜。判断标的物有大的供需矛盾时，选择做期权买方，博取暴利收益。

尽量聚焦，专注到某一条产业链的品种去做。

问题1： 张华国先生您好，感谢您在百忙之中与七禾网、东航金融进行深入对话。您是现货行业出身，在进入期货市场之前，您是如何理解期货的？

张华国： 在进入期货市场之前，其实我对期货的了解非常少，直到后来通过对期货相关基本知识的学习才对其有粗浅的认识。期货是一张标准合约，合约上载明了货物名称、质量标准、最后交易日、最后交割日等信息，最终买卖双方可以以实物交收履约。也听很多人说，做期货风险很大，90%的人做期货最后都要亏钱。总之，入市前对期货的了解和一般人也没有太多区别。

问题2： 您觉得期现货之间存在着怎样的关系？相对于一般的期货投资者，做现货的人做期货有哪些优势？

张华国： 在不考虑杠杆的情况下，期货与现货就是不同到期日交割的货。现货可以理解为签了买卖合同即期交割的货。期货则是买卖了一张标准合约（即代表标准化的货）、距离交割还有一定时间的货。在交割前，对应货的价格仍会随着市场上下波动，到期时间越长，波动的不确定性越大，货值会产生浮盈或浮亏，到交割时点（或平仓时点）则结算这些浮盈或浮亏。

但是，由于期货采用了保证金制度，加了杠杆，同样的资金可以买到相比于现货最多10倍的货（期货有1～10倍杠杆），会放大盈或亏，加之交易者过度使用杠杆后人性的弱点就很难控制，交易者难以用理性、平和的心态进行交易，最终造成交易结果的亏损。

现货行业的从业人员做期货，首先，对期货合约对应的现货会有相对比较全面的认识。以铁矿石为例，现货人对铁矿石会有基本的了解：铁矿石是什么，有什么作用，其上下游产业链情况及全球的供需情况是怎么样的等等。其次，**对基本面的动态变化等了解渠道较多。在价格变化背后的逻辑推理方面，相比纯投机交易者更加有优势。**第三，**基于对产业链的深度理解，对期货合约标的估值更加理性。**

问题3：这两年业内有个说法，现货人在期货市场上的亏损普遍比较大，您觉得出现这种情况的主要原因是什么？水土不服，还是做现货的思路并不是合适期货市场？

张华国：原因是**缺少平常心；不会使用杠杆又经常过度使用杠杆；没有正确的理念**，容易受市场上各种涨跌消息影响，导致情绪不受控，缺乏自我判断和控制，在交易时则表现为贪婪和恐惧，追涨杀跌；**缺少交易规则的管控**，从投机的角度说，就是缺少交易系统。

从做现货的思路切入到期货，确实会比较难。对没有上期货品种的现货，其实信息的不对称性更大，或者说市场更不透明，贸易商容易利用各种信息不对称赚钱，但这种方式在期货市场行不通。

问题4：现在有些现货行业的投资者以套期保值的目的进入期货市场，但最终却将其做成了投机，比如之前的秦安股份就是一个例子，您怎么看待这种现象？

张华国：做套期保值，首先需要有一个正确的理念；其次需要一套对应的套期保值规则；还需要一个能按规则执行的团队；最后对套期保值的盈亏也不能只看期货端是否盈利。

所有将套期保值做成投机的案例都是忘记了套保的初心，抛弃了套保的规则，套保执行是形变走样的，对套保的评价也是不合理的，久而久之就将套保做成了投机。

问题5：钢企的工作经历使得您在品种选择上更青睐黑色系，请您谈谈在黑色系品种上的研究体系和研究逻辑。

张华国：研究黑色系，首先要判断行业所处的发展阶段及周期。任何工业行业都会有初期发展阶段，中期稳步扩产周期，后期产能饱和甚至过剩等阶段。此外，周期性行业都会有上行与下行周期，这些都需要判断。

其次，要从产业链整体去思考行业的运行逻辑，越大的逻辑越不会在短期内改变。

第三，有了大的逻辑，再从大到小，从下游向上游具体到每个品种去分析阶段性的更短的逻辑(3～6个月)。同时也要结合这个时段的宏观环境(宏观是支持价格偏多的方向还是支持偏空的方向)综合评估价格的变化方向。

第四，有了价格涨跌的方向判断，可以进一步细化到具体交易的价位区间或时间段，拟定交易计划，同时结合短期的市场情绪波动，利用短期市场情绪的反向波动进场，顺长期趋势持仓等方式交易。当然，执行交易计划是非常重要的。

问题6：近日，钢企停限产再度加码给市场带来一定提振，但在库存高企的情况下，市场普遍认为四季度钢铁价格并不乐观，您对此怎么看？

张华国：秋冬季环比限产对高炉开工率的确有一定影响，高炉开工率从最高92%左右下降至85%。库存2020年有些特殊，主要是疫情期间一个多月的产量未被消费掉，转化成了库存并延续至今，导致五大品种库存同比仍高不少，但降库的速度也是超乎预期的。四季度也只剩一个多月了，与市场主流观点不同，**我对后面一个多月的钢价总体不悲观。近期价格快速上涨后，2020年12月价格有望高位回落，并维持在高位区间波动，价格不会趋势下跌，小幅调整的可能性是有的。**

问题7：在国内疫情得到有效防控后，国家在基建上的投入持续加码，这是否会刺激螺纹钢的需求加速释放，为其价格提供有效支撑？

张华国：螺纹钢的消费主要来自地产和基建，其中地产产业链消费螺纹占比50%以上，基建对螺纹的消费贡献也很大。疫情得到有效防控后，基建投入加码，目前，赶工现象增加，螺纹快速去库存，日成交量大幅上升，对价格形成支撑。但随着**进入2020年12月后至2021年春节前，季节性消费淡季即将到来，面临季节性累库，价格可能会出现回落，但只要没有超预期的利空，**

价格回落空间也相对有限。目前钢材成本支撑较强，且吨钢盈利偏低，价格回落空间不大。

问题8：中澳贸易局势逐渐紧张，而中国有70%的铁矿石进口来自澳大利亚，如果目前的形势加剧，铁矿石是否会迎来"黑天鹅"行情？我们应如何应对？

张华国：澳大利亚是资源出口型经济体，铁矿石是出口量最大的商品，每年为其带来上千亿美元的收入。虽然中澳贸易局势有所紧张，但估计不会限制铁矿石的正常贸易。**目前澳大利亚的铁矿石开采、发运均处于正常水平，同比上年度，发货量处于发运量区间的上沿，暂未看到影响供给的因素。**

从长期来看，国内仍需要采取一定的应对手段，例如：拓宽铁矿石进口来源渠道，减少对澳大利亚铁矿石的过度依赖；通过资本运作，以参股并购等方式获得澳大利亚矿山企业的股权，例如华菱钢铁参股FMG等方式；改进钢铁生产工艺，提高废钢用量等。

问题9："黑天鹅"事件市场会让市场价格在短时间内出现大幅波动，这对趋势交易会造成较大风险，您对此类事件是否有预防措施？

张华国："黑天鹅"事件都是短期快速爆发，超乎市场预期，很难提前应对，只能在事件爆发的时候快速分析判断，采取合理措施应对。首先方向不能错，采取的所有措施一定是往有利于风险减轻的方向发展。**从套保的角度看，遇到"黑天鹅"事件，可以通过减少期现的风险敞口来应对。从投资的角度看，要减少净单边的头寸，价格变化方向与头寸相反时，减仓应对。**

问题10：焦炭第七轮提涨开启，在短短3个月内，焦炭价格已提涨超300元/吨，目前焦化企业利润接近2018年高点水平。在您看来，焦炭价格上涨的主要原因是什么，未来能否持续强势？

张华国：焦炭价格上涨有大的背景因素。目前正值"焦化行业供给侧改革"进程中，**近两年是焦化行业产能置换的高峰期，4.3米以上的焦炉被逐步关停拆除，同时按比例系数减量置换大的焦炉，总体置换产能为净减少。**

从需求端看，下游高炉开工率处于历史高位，对焦炭需求旺盛。且**近两年，高炉也处于产能置换中，全国有8000万吨炼铁产能置换，2020年、2021**

年上半年是新的大型高炉投产的高峰期。大型高炉对焦炭的要求更高，需求量更大，由于置换节奏上的错位，导致焦炭供需出现了阶段性错配。**目前上游焦化行业开工处于高位，但焦企、港口、钢企焦炭总库存处于近5年历史低位，且仍有继续走低的迹象，反映为焦炭供需偏紧，价格则表现为强势上涨。**从焦化产能置换的节奏和下游炼铁产能置换的节奏上推测，2021年上半年，**焦炭供需偏紧的情况还将持续，价格有望维持偏强走势。**

问题11：早前，一度有传言2020年将迎来"50年最寒冷的冬季"，刺激了一批防寒需求下的补库存行为，但是从目前来看，各地似乎并未进入极寒天气，这是否会对焦煤、焦炭等相关品种的行情产生影响？

张华国：市场预期的寒冬是否到来存在不确定性。

假设1：寒冬真的来了。首先会影响物流，进而影响阶段性的供应，而寒冬对钢厂的生产影响相对较小，对钢材消费而言，冬季本身就是季节性淡季累库。在目前焦煤、焦炭价格总体强势，特别是焦炭供需偏紧的情况下，**价格有望进一步走强，寒冬对双焦供应端的影响大于对需求端的影响。**

假设2：寒冬未发生。目前走强的双焦价格供需仍会偏紧，如考虑到价格反映了寒冬预期，存在价格小幅回调的可能，焦炭供需偏紧的大逻辑有望延续。

问题12：请您谈谈目前最看好的品种和机会。

张华国：从黑色产业链看，最看好的品种仍是焦炭。其次，远月的铁矿石价格也被低估，随着时间的推移，铁矿石2109合约的价格有望逐步修复贴水。

问题13：从您的账户"依依东望"来看，2020年一季度的表现并不好，也经历了较大的回撤，出现这种情况的主要原因是什么？您是否采取了相应的应对措施？

张华国：一季度主要是受疫情影响，所有大宗商品均短期快速下行（除金、银等避险品种外），账户净值出现了回落，并导致风险度被动抬升。疫情发生初期，我采取了减仓措施，以防范账户风险为主。通过将新冠肺炎疫情与2003年"非典"疫情进行比较分析，且考虑国家的宏观政策预期，进入4月后，我采取了加仓抄底措施。抄底是在提前想好的原则框架范围内操作，合理加仓而不是随便加仓。

问题14：在经过一段时间的调整期后，上述账户净值从4月中旬开始稳步攀升，主要抓住了哪几波行情，当时您是如何判断的？

张华国：主要还是得益于4月初的加仓操作，抓住了铁矿石、焦炭的上涨行情。行情判断主要通过新冠肺炎疫情与2003年"非典"疫情的比较分析，且考虑国家的宏观政策预期，并根据过往10年的交易经验，判断大危机之中孕育着大机会，做出加仓决策。

问题15：在交易中，您曾一年就实现一个"小目标"（企业账户年赚1亿），也曾遭受重创，将1.3亿元悉数亏完；您有过账户收益翻8倍的时候，也经历过多次爆仓。数次大起大落的经历对您的交易思路、交易心理甚至是人生态度产生了什么样的影响？

张华国：从过往大起大落的交易历程看，有以下的心得体会：交易理念是一个交易者的战略，理念大方向要正确。交易需要用平常心对待，不然交易者很难接受盈亏的大起大落。任何交易规则都有赚有赔，关键还是要做好资金管理。一个心态平和的交易者能更好地控制自己的情绪，战胜自己的内心。**利润是市场给的，能否抓住机会就靠交易者自身的交易能力了。**

账户要想取得较大的盈利，需要具备三个条件：①市场某个品种出大的趋势性行情；②交易者也正好抓住了这个品种的行情；③交易者在这轮行情中本金的大小决定了最终盈利金额的多少。

从研究的角度看，交易者需要聚焦几个品种或一条产业链的品种，长时间对一条产业链进行跟踪。综合基本面、技术面等指标做交易会有一些优势。期货如果去掉杠杆其实风险就不大了，很多品种每年基本是围绕价格中枢上下30%波动，如果没有杠杆，权益波动也就正/负30%。交易者择时择价相对较好的话，盈亏也不会太大。

问题16：在期货市场中，顺势非常重要，尤其对中长线趋势交易的投资者来说更是如此，您所理解的趋势是怎样的？在不同强弱的多空市场里，具体应如何做到顺势？

张华国：趋势分很多种级别。

(1) 顺行业大周期。 工业行业很多都是周期性行业，要先判断这个行业处于何种周期中，且处于一轮周期的初期、中期还是末期。交易者需要充分顺应行业大周期方向，例如钢铁行业，2011—2015年是下行周期，2016年至今仍处于上升周期。

(2) 顺价格重心上移或下移方向。 从一年左右的周期看，交易者也需要判断价格中枢相比上一年是上移还是下移。价格重心的方向也是需要考虑的。

(3) 具体交易，除了顺大周期，还需要**顺某一时间段的价格趋势方向**。通过了解某一个时间段的供需基本面，交易者需要判断出价格大概率的运动方向。

(4) 进场需要顺长逆短。 具体择时进场时，顺技术趋势中周期，逆短周期，并参考成交量等指标，分批进场，分散风险。

问题17：很多做趋势的投资者在交易中经常会出现想赢又怕输的"两难"情况，最后通常是做对了方向却没有赚到多少钱，您觉得抓好趋势的关键是什么？

张华国：①坚持执行一套验证过的趋势系统或规则；②用平常心对待账户的浮盈或浮亏；③**与市场保持一定的距离，不被市场情绪牵着跑**；④合理使用杠杆并做好资金管理，头寸才能拿得住；⑤按系统或规则出入场，行情一直符合你的系统，头寸就会被一直拿着。

问题18：您有一套自己的交易系统，请介绍一下您的交易系统原理以及特点。

张华国：我的交易系统是以跟踪趋势行情为主，长时间持有一定的头寸。头寸方向顺应行业大周期，在价格波动过程中做加减仓。**仓位控制在30%左右，上下调整。** 资金管理方面，当账户盈利后，会逐步出金，并仍将仓位控制在30%左右。行情研判方面，主要是对价格大的趋势方向做判断，并结合近远月升贴水情况进行移仓。具体出入场方面，会进行多批次少量的开仓或平仓，这样可以避免一笔交易的失误对账户的整体影响。

问题19：您目前的这套交易系统是经过了怎样的总结和实践后得出的？

您是否会根据行情或者这套系统的表现来定期调整?

张华国：交易系统也是要适应的行情的，我的交易系统适合行业处于上升周期的行情。如果行业由过去几年的上升周期进入下降周期，交易系统要重新调整。

问题20：您对套利也有研究，套利交易的关键在于发现并识别套利机会，您在这方面有什么经验可以与我们分享？

张华国：套利目前主要是做跨品种、跨月套利。对于跨品种套利来说，首先，套利的两个或多个品种间要有理论上的逻辑关系。例如螺纹与热卷的价差套利，热卷正常比螺纹价格要高200元左右，那是因为从生产成本来推算就会有这个规律，一旦偏离过大，总是要回归均值的。跨月套利主要是根据商品的供需基本面来判断交易机会。此外，还可以根据品种的趋势强弱关系做一些多空头寸配置，分散系统风险，这也可以算是套利的一种。

问题21：有投资者表示，在期货市场，套利就是"捡钱"的，您是否认同？您如何看待套利的风险问题？

张华国：套利也是有风险的，只是套利策略的胜率相对会略高一些。每一次极端行情都可能打破常规价差，这个时候是套利者风险最大的时候，如果杠杆使用过大，会面临爆仓或被止损的风险。

问题22：期权也是一个很好的对冲工具，当前国内期权市场的发展已经驶上快车道，您也交易期权，除了沪深300ETF期权和上证50ETF期权外，目前国内也陆续上了很多商品期权，您比较看好哪些品种？在目前的大环境下，您如何运用期权这个工具来对冲风险？

张华国：**流动性尽量要大，目前我对豆粕、铁矿、铜等期权都比较看好。隐含波动率高的情况下，做期权卖方，充分利用高胜率的规律，** 配合合理的头寸管理，**积小胜为大胜。** 配合期货头寸做备兑交易也是非常好的策略。当**判断标的物有大的供需矛盾时，选择做期权买方，博取暴利收益。**

问题23：随着像您这样的现货公司以及私募等机构投资者的进入，期货市场环境及资金结构发生了很大的变化，面对更加专业的对手，您觉得应该如何在这场博弈中胜出？

张华国：①尽量聚焦，专注到某一条产业链的品种去做。②交易系统和执行纪律、资金管理、情绪管理、交易经验都是必不可少的。③勤奋地研判行情，比对手快一点发现交易机会也很重要。④**要有战胜自己的勇气、良好的心态、对待盈亏的平常心。**

问题24：2020年即将进入倒计时，您如何总结自己2020年的交易？您认为有哪些地方做得比较好，有哪些地方还需要改进？

张华国：2020年做得好的地方：在"大危大机"的2020年中，抓出了大机会，抓住了大方向，也抓住了自己关注的品种的行情。不足之处在于，2020年很多品种都出现了超级趋势行情，自己也研判到了会出大行情，但没有全部做到或只少量尝试，例如，黄金、铜等。

问题25：参加"蓝海密剑"实盘大赛的高手众多，您也在第十一届"蓝海密剑"实盘大赛中获得"中将"头衔，您觉得这一赛事能吸引这么多高手参加的主要原因是什么？在比赛过程中，有哪些高手让您印象深刻？

张华国：这一赛事规则设置合理，比赛周期长，较能检验交易者的长期盈利水平，这是比较吸引我的。有很多高手让我印象深刻。

问题26："蓝海密剑"大赛是国内持续时间最长的赛事之一，您在参赛过程中有什么感悟，对"蓝海密剑"大赛有何期许？

张华国："蓝海密剑"大赛是一场超长马拉松式的交易比赛，对选手来说，需要用平常心对待，做好自己的交易，通过比赛认识自己的不足，持续改进、提升。如果过程做好了，无论比赛结果如何都心安理得。当然，在这个过程中结识志同道合的朋友也是一件幸事。

对于非东航期货的参赛账户，奖金比例若能调整到正常奖金的50%可能更有吸引力。通过这样的长期比赛聚集大批的交易者，自然也会给东航期货带来更多潜在客户。

谢海权：资金曲线证明我们走在正确的路径上

(2020年4月18日　唐正璐整理)

谢海权

毕业于厦门大学经济学院金融系，2005年开始做股票，2009年开始做期货，主要做中长线程序化交易，以技术分析为主，拥有4套交易系统。

曾获交易大师比赛驱逐舰量化组第9名，第十一届"蓝海密剑"中国对冲基金公开赛晋衔奖和"少校"军衔。

精彩观点：

不论是科班出身还是"野路子"都在同一起跑线上，这也是交易这条路吸引人的原因。

没有对交易的总结反思，整个交易框架就容易陷入没有突破的死循环中。

总结不只是总结错误的经验，也可以多总结成功的经验，交易者更缺乏的是对成功经验的总结复制。

程序化交易给了我赚钱的机会，而且能够快速复制。

我觉得学习程序化交易的最大门槛是爱好。

我定义的趋势的方法就是经典突破和技术指标，因为我相信经典的东西一直不会失效。

我的商品策略都是普适性策略，因为不同商品的波动率会变化，普适性策略更像是守株待兔的方式。

没有任何一种策略在所有时间都盈利，我会接受策略的不完美，并在非相关性上去思考和配置策略。

我相信正确的交易理念和风控方式是成功的关键，程序化或者主观只是一个交易的手段，不是交易成功的必然要求。

在量化竞争越来越激烈的情况下，基本面数据一定会成为一个重要的因子。

回撤期是一个痛苦的时期，同时也是一个发现问题、解决问题的时期，这个时候会暴露出很多问题，让我们集中精力去改进。

在品种选择上，我的原则是只要有成交量就上，不主观挑选，一个简单的原则是持仓量超过10万张。

当你对自己的策略有信仰时，每一次回撤都应该开心，因为它给了你加仓的机会，给了你资金曲线迅速拉升的机会。

我觉得量化投资机构也是交易理念和风险控制的具体形象化，成为优秀的量化机构首先要有能够信守的投资哲学，深入进行量化研究，适应不同的市场变化；接着要有彼此信任的团队，以人才为基石的投资框架体系才能保持生命力；然后要有可复制能够坚守的风控体系，发现价值，创造价值，以企业家的精神铸造优秀团队。

资金曲线证明了我们走在一个正确的路径上。

交易是团队化作战的战场，找到志同道合的伙伴，遵从你信守的投资哲学，沿着正确的方向坚持走下去是收益最大化的方式。

未来十年希望取得的成就可借用三种投资哲学：①以正治国，以奇用兵。②弱水三千，但取一瓢。③桃李不言，下自成蹊，不论是投资还是公司。

问题1：谢海权先生您好，感谢您在百忙之中与七禾网进行深度对话。您是金融专业出身的投资者，具备扎实的金融理论基础，做了这么多年的交易，相信您也接触了一些并非科班出身、自学摸索的投资者。就您看来，金融科班出身和"野路子"自学摸索的投资者在股票、期货交易上有多大差别？

谢海权：在券商工作了近十年，让我见到了很多不同风格的投资者。在我看来，**不论是科班出身还是"野路子"都在同一起跑线上，这也是交易这条路吸引人的原因**。科班出身的知识框架体系化更完善，能够在细分的领域很快深入，一些强知识体系的方向比如期权有很大优势，但是"野路子"自学摸索的成功投资者基本都有一些交易必需的特质，同时他们创新能力与悟性都不错，能跳出固有的框架。

问题2：您认为交易不是上坡路，而是走台阶，这句话该怎么理解？

谢海权：如果花了太多的时间在盘中的交易上，缺少对策略或者逻辑的思考，可能感觉自己在不断进步，但是因为**没有对交易的总结反思，整个交易框架就容易陷入没有突破的死循环中**。功夫在盘外，多些对交易宏观上的思考总结，可能会总结出更多对市场的理解，或者说交易者的顿悟可以让整体的交易水平提高一个层次。**总结不只是总结错误的经验，还可以多总结成功的经验，交易者更缺乏的是对成功经验的总结复制。**

问题3：最先接触期货交易时，您采用的是主观交易，后来又是什么契机，让您决定转向程序化交易？

谢海权：我之所以放弃主观交易转向程序化交易，是因为从结果导向来说，我做程序化交易比做主观交易能赚钱，程序化交易更符合我的性格，**程序化交易给了我赚钱的机会，而且能够快速复制**，还给了我更多思考的时间，让我思考交易，在交易成长上一步步上台阶。

问题4：在转向程序化交易之前，您学过编程之类的课程吗？就您看来，普通投资者学习程序化交易的门槛高吗？要学会程序化交易需要经过哪几个步骤？

谢海权：我转向程序化交易之前没有学过编程，都是自主学习的。**我觉得学习程序化交易的最大的门槛是爱好**，有了爱好，普通投资者转向程序化交易是非常迅速的，但是从使用程序化交易到学会程序化交易需要时间的积累。学会程序化交易，我觉得至少需要经历一次资金曲线的牛熊市。

问题5：您当前有3套交易系统，请您分别介绍一下这3套交易系统的特点和核心。

谢海权：我们的三套策略都是趋势交易，只是每一套使用的资金管理方式和风控模式不同。一套是趋势加仓模式；一套是大趋势持仓策略；一套是波段交易策略；策略的特点都是经典趋势交易，最核心的点是资金管理和风控的方式。

问题6：您主要使用趋势策略，您认为趋势交易的方式大致都相同，不同的方面更多是对于趋势的定义，那么您是怎么定义趋势的？

谢海权：我定义的趋势的方法就是经典突破和技术指标，因为我相信经典的东西一直不会失效。

问题7：期货市场常有"黑天鹅"事件发生，让价格短时间大幅波动，对趋势交易来说会造成比较大的风险，您对此类事件是否有提前预防的措施？

谢海权：我觉得"黑天鹅"就在于它的不可预见性，同时我程序化的方式很少手动干预，所以在没有触及我的核心止损位前不会手动干预，并且CTA策略有抓住"黑天鹅"的潜力，当然为了预防这类风险，我尽量在相关性和仓位上控制。

问题8：您表示自己使用的都是普适性策略，有投资者认为，越简单的策略普适性越高，越复杂的策略普适性越低，您怎么看待这样的观点？您的策略比较趋向于哪一种？

谢海权：我的商品策略都是普适性策略，因为不同商品的波动率会变化，普适性策略更像是守株待兔的方式。不过，我们的股指策略是单独开发的，因为普适性策略在股指上回撤较大时没办法接受，不能接受的回撤，就没办法坚持。

问题9：贵公司采用的股指策略研发的逻辑是什么？有什么特点？

谢海权：股指交易策略上我们的逻辑比较细腻，主要的策略配置逻辑是动量趋势，根据股指波动的变化调节，配合小波段策略，因为股指手续费还是较贵的，所以我们只能采用锁仓的方式，有些长期在线的策略还是没办法上线，只能在策略池中去挑选策略选择着上。

问题10：任何一套普适性策略如果没有做资金管理，都有失败的可能，那么在资金管理上，您是如何做的？

谢海权：简单来说就是交易资金曲线。我们的策略已经使用了四五年，逐步把策略的波动特质融入资金管理中，用完全量化的方式对资金曲线做高抛低吸。

问题11：从2012年开始程序化交易至今，您有没有遇到一些困难？以您多年的程序化交易经验来看，程序化交易中会有哪些风险？哪些风险是可以控制的，哪些风险是不能控制的？

谢海权：**我觉得最大的困难来自两方面，一个是回撤的煎熬，一个是政策的风险，每个程序化都会面临回撤，我们只有深入理解策略才能知道回撤是不是可控的。** 政策的风险比较难以控制，比如2015年第四季度股指流动性骤降，我们只能离开股指市场。

问题12：在量化领域，有的投资者认为只要埋头研究好策略就可以了，而有的投资者却更多地研究市场行情，研发针对性的策略，这两种做法您怎么评判，您个人会如何选择？

谢海权：这在方法论上是演绎法和归纳法的区别，我觉得没有对错，我们团队是两种方法同步进行，因为我们在选择团队成员时，就考虑了两个不同的方法论的相辅相成。

问题13：任何一种策略不可能在所有时间都盈利，于是不少机构开始研究创新策略，如情绪策略、自适应策略、基本面策略等等，对这方面您如何看，是否也在进行创新策略的研究？

谢海权：我们想进行创新策略的研究，但是现阶段我们的研究力量还不够，后续对于创新策略的研究，我们会将重点放在股票策略上。**没有任何一**

种策略在所有时间都盈利，我会接受策略的不完美，并在非相关性上去思考和配置策略。

问题14：有投资者表示，无论是程序化交易还是主观交易，都不是交易成功的关键，如果没有正确的交易理念和风险控制，都会走向失败，请您谈谈您的交易理念。

谢海权：**我相信正确的交易理念和风控方式是成功的关键，程序化或者主观只是一个交易的手段，不是交易成功的必然要求。**

问题15：您主要以技术分析为主，请问您主要看哪些指标、量变、形态？随着越来越多的人开始注重基本面分析，不少量化机构也在策略中添加基本面的数据，您如何看待这样的现象？未来是否会增加基本面的研究？

谢海权：我们的技术分析主要是量、价、形态，**在量化竞争越来越激烈的情况下，基本面数据一定会成为一个重要的因子，但是在商品期货的量化上，我暂时没有考虑基本面方面的数据，因为商品期货的杠杆性和时效性使得基本面数据的使用和效用的不可预期性更大，我还是喜欢从纯粹的风控控制角度出发去匹配策略因子。**

问题16：在七禾网程序化排行榜上，您操作的账户"天厦量化一号"当前最大回撤为15%，对于这样的回撤，您是否接受？同时请您重点谈谈风险控制。

谢海权：我当然是希望回撤越小越好，但还是要平衡收益和回撤。在风控方面，我觉得应该考虑账户的性质，账户的目标是曲线平滑还是盈利最大化，只有认清账户的性质才能有与之匹配的风险控制。风控方面我刚开始会采用传统的控制仓位的方式，直接控制风险。

问题17：近段时间，"天厦量化一号"也出现了较大的回撤，您是怎么应对的？对投资者来说，回撤期是很痛苦的，您是如何度过回撤期的？

谢海权：这次出现了较大的回撤，很大原因是3月的无序震荡，并且我们团队在仓位控制上出现了失误，所幸后面及时纠正了回来。**回撤期是一个痛苦的时期，同时也是一个发现问题解决问题的时期，这个时候会暴露出很多问题，让我们集中精力去改进。当你对自己的策略有信仰时，每一次回撤都应该开心，因为它给了你加仓的机会，给了你资金曲线迅速拉升的机会。

问题18：据了解，转为程序化交易之前，您曾发生过两次爆仓，这两次爆仓是在什么情况下造成的？您从中总结了哪些经验教训？

谢海权：进行程序化交易前的两次爆仓都是手动交易造成的：一次是频繁交易造成的，一次是重仓隔夜造成的。从中我认识到我的能力圈在于轻仓趋势，稳健复利的方向，所以也坚定了我转程序化交易的决心。

问题19：从"天厦量化一号"的成交偏好图可以看出，该账户几乎所有品种都在交易，在选择品种方面，您的具体标准如何？近期有几个品种波动较大，例如铁矿石期货，连续几日大涨后开始大跌，铁矿石期货的这波行情，您的策略是否捕捉到？

谢海权：在品种选择上，我的原则是只要有成交量就上，不主观挑选，一个简单的原则是持仓量超过10万张。铁矿这样的机会我的策略只抓到了上涨的行情，因为不善于交易反转行情。

问题20：您表示交易系统会自动在一些品种上加减仓，当品种出现哪些信号时系统会自动加减仓？您的初始仓位是怎么设置的，一般会加多少成仓位？

谢海权：我的加仓是传统的盈利加仓逻辑，初始仓位都是根据品种波动率和止损参数自动测算的，只会进行一个最大开仓的限制，一般不会去主观控制仓位。

问题21：最大的开仓限制是多少？

谢海权：比如说单品种的市值不能超过账户资产。

问题22：您也在交易股票，2020年以来，A股走势喜人，当前大盘已站上了3200点，市场上牛市的声音不绝于耳，在这样的背景下，您加大股票投资了吗？当前您比较看好哪些板块？

谢海权：我也做过股票市场的研究，但是重点在股指期货量化。我们会加大股指期货的仓位，因为团队对板块研究不够深入，具体板块选择就不敢班门弄斧了。

问题23：上周五，期指迎来了第四轮"松绑"，您怎么看待这次"松绑"，贵公司的策略是否有相应的调整？

谢海权：股指未来肯定会逐步"松绑"，而且这也是大势所趋。我们是"松绑"前一两周上的策略，所以暂时没有调整。3月以来资金曲线上表现不好的很大原因是没有及时跟进股指的交易机会。

问题24：期指自"松绑"后A股连跌一周，市场上又传出了"股指期货是股市大跌罪魁祸首"的声音，对于这种观点您怎么看？

谢海权：只有有了足够活跃的股指期货，大资金才敢进入股市，股指能够满足大资金的对冲需求，同时有股指期货工具，绝对收益才有机会，阿尔法基金的体量足够大，持仓也足够长，对稳定市场效果也很清晰，反观如果市场上所有人都只追求贝塔收益，不是更容易加剧波动吗？

问题25：贵公司青岛易持资产专注于量化投资，对于一家量化投资公司来说，硬件和技术方面的投入也很重要，请问贵公司在这方面做了哪些投入？

谢海权：对于量化公司来说，硬件和技术方面的投入是必要的，我们在硬件、云平台、商用的量化研究平台、数据平台等方面每年都有投入，这些投入是一方面，同时我们还在进行人才投入。

问题26：现在投资机构众多，各有各的特点，在您看来，一家优秀的量化投资公司需要具备哪些要素？贵公司的核心优势在于哪些方面？

谢海权：我觉得量化投资机构也是交易理念和风险控制的具体形象化，成为优秀的量化机构首先要有能够信守的投资哲学，深入进行量化研究，适应不同的市场变化；接着要有彼此信任的团队，以人才为基石的投资框架体系才能保持生命力；然后要有可复制能够坚守的风控体系，发现价值，创造价值，以企业家的精神铸造优秀团队。

我们公司的优势是：①我们花了快5年时间组建了一个彼此信任且互补的团队。②我们在坚持程序化交易的5年时间里，踩了很多坑，也积累了很多成功经验，**资金曲线证明了我们走在一个正确的路径上。**③我们团队的价值观高度一致，我们信守简单质朴的投资哲学，相信时间是投资的朋友，坚持轻仓稳健、风险可控的投资方向。

问题27：交易十年，您的最大感悟是什么？下个十年，您想取得什么成就?

谢海权：交易十年，我最大的感悟是，**交易是团队化作战的战场，找到志同道合的伙伴，遵从你信守的投资哲学，沿着正确的方向坚持走下去是收益最大化的方式。**

未来十年希望取得的成就可借用三种投资哲学：①以正治国，以奇用兵。②弱水三千，但取一瓢。③桃李不言，下自成蹊，不论是投资还是公司。

问题28：您在第十一届"蓝海密剑"中国对冲基金公开赛上荣获晋衔奖和"少校"军衔，请问您参与大赛的初衷是什么？除了成绩，您觉得自己还收获了什么？

谢海权：最初参加大赛的简单原因是希望有一个地方帮我做数据统计和业绩分析。我通过对比别人的交易账户，逐步看到了自己与别人的差距，以更多的维度去思考如何提高交易账户的稳定性。

问题29：您未来仍然会继续参赛吗？对大赛有什么建议和期许？

谢海权：我肯定会继续参加比赛的，期待大赛能够越办越好，金融市场越来越好。

宏锡基金团队：量化CTA行业　机遇大于挑战

（2020年12月4日　翁建平访谈整理）

宏锡基金团队

广东宏锡基金管理有限公司成立于2015年1月，具备基金业协会批准的私募基金管理人资格，中国证券投资基金业协会会员单位，具备"3+3"投顾资格，是一家专注于量化CTA的对冲基金公司。公司本着"数据说话、业绩说话"的经营理念，立志于成为中国量化CTA基金行业的领导者。

公司团队组建于2010年，成员大部分来自985/211名校，现拥有17位量化投资经验与基金管理经验非常丰富的成员。公司拥有自主研发的智能交易系统和丰富多元的量化策略体系，上榜多家证券公司和期货公司白名单，每年追求绝对收益，目前已持续稳健地发展了11年，获得多项行业权威奖项。公司荣获第十一届"蓝海密剑"中国对冲基金公开赛晋衔奖，"上校"军衔。

精彩观点:

投资理念是"数据说话,顺势而为,追求长期稳定的盈利"(慢就是快),定位是"专注量化CTA,追求绝对收益"。

我们不会为了盲目追求规模而从事不是我们能力圈内的股票投资。

在国内,如果单纯看CTA规模,估计绝大部分机构的期货管理规模都不足10亿元。

在极端行情下,CTA基金是风险稳定器,能提供较好的风险保护。

在国外,CTA基金占全球对冲基金的15%左右,是很多大机构资产配置中的底层资产。

人才的稳定决定了业绩的稳定,人才的优秀决定了业绩的卓越。

投研要不断迭代升级,包括策略研究和交易系统。

量化CTA策略很多以趋势跟踪策略为主,开仓一般是在趋势形成的时候,平仓是在趋势走弱之时。

头寸管理是一个策略里的重要组成部分,就像传统的趋势跟踪策略一样,在趋势刚萌芽而未明显时,头寸相对较小;在趋势比较明确时,头寸相对较大——抓大放小。

公司风控理念重点在于管理回撤风险,收益是市场给予的,要敬畏市场。

公司的风控体系分为事前风控、事中风控和事后风控。事前风控主要是对策略组合、交易计划和头寸规模进行提前规划与仔细论证,并通过自主研发的自动交易系统限制每个品种的最大委托手数和笔数等;事中风控主要是指在交易过程中交易部与风控部要严格监控信号出现与实际成交情况等;事后风控指突发情况出现或超出预期风险时,要采取事先制定的风险预案进行控制等。

对于量化CTA行业面临的挑战,认为主要是同质化竞争与波动率下降的可能性,但是未来几年机遇是大于挑战的。

预计大宗商品波动率将维持在中高位,因此,未来量化CTA投资收益更值得期待。

新冠肺炎疫情加大了大宗商品市场和股票市场的波动率,这对做多波动率的策略来说有一定的避险作用，比如量化CTA的"危机阿尔法"作用。

海外机构主要体现在技术能力与软、硬件方面的经验，所以主要优势在于高频领域，这对国内高频策略是很大的挑战。

问题1：宏锡基金团队好，感谢你们在百忙之中与东航金融、七禾网进行深入对话。据了解，宏锡基金已经连续11年盈利，我们知道没有一套完善的投资理念，很难长期在市场中持续盈利，请问贵公司的投资理念是什么？

宏锡基金团队：公司**投资理念是"数据说话，顺势而为，追求长期稳定的盈利"（慢就是快），定位是"专注量化CTA，追求绝对收益"**，公司所有基金产品都是量化CTA策略，团队从2009年到现在都只在CTA领域不断精耕细作！

问题2：宏锡基金非常注重人才的培养，请问什么样的人才是你们想要的？

宏锡基金团队：因为公司**坚持以量化与程序化的科学方式去做研究与投资，所以我们需要理工科的人才相对更多，包括数学人才、计算机人才、金融人才等，最好有国内名校理工和金融背景**。现在公司投研技术人才占70%以上，未来随着人工智能更多地应用到量化投资领域，对研究机器学习与深度学习的算法人才将有更大需求。

问题3：据了解，宏锡基金自主研发了智能交易系统，近年来，随着机器学习技术的兴起，很多私募机构也把机器学习运用到交易当中，请问机器学习在交易中主要起到哪些作用？又有哪些局限性？

宏锡基金团队：我们公司在机器学习上的应用暂时还处于初级阶段，还在不断研究与验证包括随机森林和决策树等一些简单算法，未来主要应用于研究策略阶段，期待开发出低相关性的策略，局限性在于存在过度优化的可能性。

问题4：大部分私募都会布局于股票和期货投资，为什么宏锡基金从不投资股票？

宏锡基金团队：首先，我们公司**专注于量化CTA，团队的人才结构与优势就在量化CTA领域**，从历史业绩来看，团队已经保持多年的正收益，所以在量化CTA领域相对有安全感，这也是以公司的最佳能力与优势用业绩对客户尽最大的责任。巴菲特曾经说过：基金经理应该认清自己的能力圈边界，**我们不会为了盲目追求规模而从事不是我们能力圈内的股票投资。**所以，我们从2009年开始到现在没有投资一分钱股票，都是专注于量化CTA策略。

问题5：据了解，国内有82.31%的期货私募机构管理规模不足10亿元，那么期货私募如何才能把规模做大？

宏锡基金团队：第一，如果是单一追求高夏普与低回撤的资金曲线，国内很多CTA机构会以短周期策略或高频策略为主去做产品净值，但是容量就做不大，所以公司策略的定位很重要，是中长周期还是短周期或高频为主。第二，多品种交易，扩大交易容量。第三，多开发低相关性的策略。客观来说，**在国内，如果单纯看CTA规模，估计绝大部分机构的期货管理规模都不足10亿元**，因为很多私募机构主要策略是股票为主，期货策略产品只是辅助。当然，随着政策对衍生品的逐渐放宽和品种越来越丰富，未来CTA行业的整体规模会有较大提高。

问题6：作为一家专注于量化CTA的私募，请从多策略和资产配置的角度谈一谈CTA策略的价值。

宏锡基金团队：CTA基金被称为"危机阿尔法"，**在极端行情下，CTA基金是风险稳定器，能提供较好的风险保护。**同时，量化CTA与传统股市投资具有低相关性，是资产配置中很重要的一部分。**在国外，CTA基金占全球对冲基金15%的左右，是很多大机构资产配置中的底层资产。**所以，随着未来国际事件不确定性越来越多，CTA策略的价值会越来越突显。

问题7：在众多策略中，2020年表现比较好的策略有哪些，整体业绩表现如何？

宏锡基金团队：2020年的行情波动率较大，特别是上半年，所以对中长周期策略相对比较友好，整体业绩较好，产品平均年化收益率达到20%～30%之间。

问题8：在不断变化的市场中，策略长期取胜的关键因素包括哪些方面？

宏锡基金团队：首先，人才的稳定非常重要，因为**人才的稳定决定了业**

绩的稳定，人才的优秀决定了业绩的卓越。第二，专注的重要性：我们只专注于我们擅长的量化CTA领域——术业有专攻。第三，**投研要不断迭代升级，包括策略研究和交易系统。**

问题9：一套完整的程序化交易系统应该包括开仓条件、平仓条件、头寸管理和风险控制，请谈一下开平仓的条件有哪些？

宏锡基金团队：**量化CTA策略很多以趋势跟踪策略为主，开仓一般是在趋势形成的时候，平仓是在趋势走弱之时。**当然这里面有很多交易经验的融合与调参的技术细节。

问题10：头寸的数量直接影响潜在损失的大小，宏锡基金是如何做好头寸管理的？

宏锡基金团队：头寸管理是一个策略里的重要组成部分，就像传统的趋势跟踪策略一样，在趋势刚萌芽而未明显之时，头寸相对较小；在趋势比较明确之时，头寸相对较大——抓大放小。

问题11：最后就是风险控制，需要注意哪些？

宏锡基金团队：第一，风控理念。**公司风控理念重点在于管理回撤风险，收益是市场给予的，要敬畏市场。**第二，风控流程标准化。我们公司的风控体系分为事前风控、事中风控和事后风控。事前风控主要是对策略组合、交易计划和头寸规模进行提前规划与仔细论证，并通过自主研发的自动交易系统限制每个品种的最大委托手数和笔数等；事中风控主要是指在交易过程中交易部与风控部要严格监控信号出现与实际成交情况等；事后风控指突发情况出现或超出预期风险时，要采取事先制定的风险预案进行控制等。

问题12：量化投资注重回撤的控制，宏锡基金是如何做到兼顾收益与回撤控制的？

宏锡基金团队：第一，多元化策略布局，平滑资金曲线；第二，多样化品种交易，减少交易组合的相关性；第三，风控体系完善，曾经历过多年的极端行情与市场验证；第四，技术系统的不断升级。

问题13：近一两年来，国内需求放缓，外部环境不确定因素增多，国内CTA策略快速进化，外部环境以及行业的演化带给管理人哪些挑战？

宏锡基金团队：对于量化CTA行业面临的挑战，认为主要是同质化竞争与波动率下降的可能性，但是未来几年机遇是大于挑战的。

问题14：2020年初以来，全球资本市场"黑天鹅"事件频发，不确定因素叠加促使大宗商品、证券、债券和汇率市场都出现了大幅波动。你们怎么看2020年CTA的整体市场和未来的投资机会？

宏锡基金团队：2020年商品市场整体波动率比前两年高，**预计大宗商品波动率将维持在中高位，因此，未来量化CTA投资收益更值得期待**。并且随着股指期货逐步恢复与经济修复预期，股指波动率也会提高，这将利于股指期货策略的展开。无论是股指牛市时快速拉升还是熊市时快速下跌，量化CTA策略都能抓住机会乘胜出击，交易优势都比较明显；随着监管放松与创新品种越来越多，量化在未来的空间定会非常巨大。

问题15：新冠肺炎疫情是2020年全球最大的"黑天鹅"事件，如何看此次新冠肺炎疫情对金融市场的影响？

宏锡基金团队：新冠肺炎疫情加大了大宗商品市场和股票市场的波动率，这对做多波动率的策略来说有一定的避险作用，比如量化CTA的"危机阿尔法"作用。

问题16：虽然2020年受到了疫情的影响，但是私募的规模却刷新了纪录，如何看待这个现象？

宏锡基金团队：这一定程度上反映出现在市场上的资金是非常充足的，同时有些实体经济受疫情影响，可能短期有一部分资金寻求资产配置以分散风险，期待更稳健的资产保值增值。

问题17：近一两年，期权市场发展迅速，宏锡基金在期权方面有没有布局？如果有，主要采取哪些策略？

宏锡基金团队：我们公司一直重视期权策略研究，这将有效提高投资组合互补性和产品容量，但目前还处在策略研究和程序化接口的技术阶段，策略主要是波动率管理和套利策略，相信在期权领域未来有很大的发展空间。

问题18：随着国内金融市场的开放，海外顶级量化私募进入国内，机构博弈的特征越来越明显，赚钱效应会不会越来越难？本土机构该如何应对？

宏锡基金团队：**海外机构主要体现在技术能力与软、硬件方面的经验，所以主要优势在于高频领域，这对国内高频策略是很大的挑战。**本土机构应该充分发挥自己的优势，比如利用对国内品种与政策的了解程度与研究深度，开发出来相对更适应于中国交易市场的策略。市场环境竞争越恶劣，越能考验机构的专业能力，所以要专注于自己擅长的领域并不断提升能力。

问题19：从进入圈子到现在，有哪些感悟可以跟投资者分享？在现在的大环境下，对投资者有什么建议？

宏锡基金团队：第一，先做好风控——风控比一切都重要；第二，团队化作战，能力互补，因为单凭一个人能力难以长期在交易市场中生存；第三，保持进取心与较强的持续学习能力；第四，意志力很重要，每年都会有一些挫折，熬过去了就有机会再成长起来。

问题20：未来量化投资在中国CTA策略领域的发展趋势如何？宏锡基金在这一发展趋势中有怎样的计划？

宏锡基金：在中国CTA领域，量化投资会占越来越大的比重，策略将更加丰富与专业，细分领域将更多，机构比例也越来越大。宏锡基金将继续以工匠精神认真做好量化CTA，与中国衍生品市场一起壮大、发展，向国际上著名的CTA龙头元盛(Winton)公司学习，致力于成为中国最专业、最稳健的量化投资团队。

袁海堂：做投资最重要的是做到知己知彼和知行合一

(2020年12月11日　刘健伟访谈整理)

袁海堂

北京京华龙资产管理公司董事长、基金经理。毕业于南京理工大学，从事过产业及证券、期货市场的投研工作，具有20年金融投资经验、扎实的企业分析能力和敏锐的风险识别能力，擅长在整体风险控制的基础上结合产业及趋势分析对比选出具有中长线价值投资的公司。荣获第十一届"蓝海密剑"中国对冲基金公开赛晋衔奖，"上校"军衔；第十二届"蓝海密剑"中国对冲基金公开赛晋衔奖，"大校"及"中校"军衔。

精彩观点：

股指期货的推出是中国资本市场发展优化的里程碑。

从早期开始做期货到现在，我没有大亏的经历，也没有爆过仓，大赚经历也比较少，总体上基本保持了每年都稳定盈利。

科研所的研究氛围以及工作中养成的较强数字敏感度对我在做期货数据分析、综合分析时帮助挺大。

2020年期货市场的主要收益来源于年初和7月的股指期货单边多头行情以及黄金和白银的行情，另外在有色金属上也取得了不错的收益。

在做基本面研究时主要以寻找供需中的主要矛盾为抓手，并结合季节性因素、流动性因素和事件驱动因素来发掘2020年获益最多的三种投资机会。

在市场资金和看好标的基本面同步时寻找开仓点，平仓一般是结合资金的离场情况和是否达到心理目标价位来决定。

在防范隔夜跳空风险时，减仓是第一首选，第二是做对冲。

我们对2021年更看好黄金和白银比价走缩，就是多白银空黄金的一个套利机会，它的逻辑基本上是经济的复苏以及避险情绪的减弱。白银的工业属性更强一些。

2020年的多头行情应该是可以持续的，这是一个大周期的商品牛市的起点，现阶段都属于不错的介入机会，我们认为接下来可能会在工业品、农产品上都有不错的交易机会。

减仓是很有利的一个工具，在任何情况下，减仓都会让你的心态得到放松，更客观地去面对行情；另外就是多看少动，让你更真切地去感受市场。

我们做期货第一原则是避免犯错，第二原则就是利用人性的弱点取得一定的建仓优势。

经过20年的市场沉淀，现在会更用心地去感受市场，而不再去强调实现自我判断。

根据我们这几年的运营经验来看，复合策略的基金的确要比纯期货策略或纯股票策略的基金表现更稳定，采用复合策略我们能发掘更多更好的投资机会来平滑净值收益曲线。

A股市场中我们还是以高成长策略为主，还有一些股期联动策略、事件驱动策略、困境反转策略等。

熊市是每个投资者必须要面对的，也比牛市更能反映投资者的水平。

整体来讲，目前A股已经进入牛市阶段，市场已经在过去两年完成筑底，现在属于一个牛市的初级阶段，虽然目前缺少一些持续的热点，但我认为A股的慢牛已经形成。

人民币持续的升值预期会让震荡结束，成为市场向上的助推器。

2021年投资的主线一是消费相关的板块，比如新能源车；二是资源相关的板块，如有色资源类、农产品生产类。

我们认为大宗商品的牛市已经启动。

我认为最重要的是要做到知己知彼和知行合一。

投资习惯就是要坚持跟踪和学习总结，这是在进步路上必不可少的。

长时间在市场立足必不可少的原则是永远把风险控制作为投资第一重要的原则。

我们的团队是从实战当中一步一步摸爬滚打出来的，无论研究能力还是风控都是有一定优势的。

对于未来，我还是保持发现价值的投资风格，布局伴随未来中国经济增长进而获得高成长的优秀公司。

问题1：袁总您好，感谢您在百忙之中与七禾网、东航金融进行深入对话。您早在2000年就开始进行股票投资，而在2009年才进入期货市场，当时是因何转战期货市场？

袁海堂：是的，我早在2000年左右就开始了股票投资，在A股市场也经历了2006—2007年的大牛市，在这期间积累了原始资金。

2009年参与期货市场是为了提前适应股指期货的推出。**股指期货的推出是中国资本市场发展优化的里程碑**，为了更好地适应多空双向交易，我在2009年进入期货市场。

问题2：杠杆交易是期货与股票之间最大的区别之一，普遍看来，期货投资的风险会大于股票投资，您当时是否有因此而感到不适应？早期在期货市场是否经历过大赚大亏？

袁海堂：2009年进入期货市场之前，在近十年的股票投资过程中我经历了两轮比较大的熊市和一轮大牛市，在这期间我的交易风格也是偏短线的，刚开始做期货时我也是以短线交易为主，所以并没有感到不适应。基本上在刚开始的2个月左右就熟悉了期货的交易规则和保证金制度。**从早期开始做期货到现在，我没有大亏的经历，也没有爆过仓，大赚经历也比较少，总体上基本保持了每年都稳定盈利。**

问题3：据了解，您曾在研究所做过科研工作，这段工作经历对您后期投资风格与方法的形成是否有较大的帮助？

袁海堂：是的，在科研院所的工作对我的交易是有一些帮助的，**科研所的研究氛围以及工作中养成的较强数字敏感度在做期货数据分析、综合分析时对我帮助挺大。**

问题4：您在"蓝海密剑"中国对冲基金公开赛上收获了相当不错的成绩，请问您2020年在期货市场上的收益主要来源于哪几波行情？

袁海堂：**2020年期货市场的主要收益来源于年初和七月份的股指期货单边多头行情以及黄金和白银的行情，另外在有色金属上也取得了不错的收益**，主要来源于这三波行情。

问题5：您是如何通过基本面研究，发现了这些交易机会？

袁海堂：在做基本面研究时主要以寻找供需中的主要矛盾为抓手，并结合季节性因素、流动性因素和事件驱动因素来发掘2020年获益最多的三种投资机会。

问题6：找到合适的交易品种后，您又是如何通过技术分析寻找开仓、平仓的点位？

袁海堂：技术分析中主要以波浪理论为主，**在市场资金和看好标的基本面同步时寻找开仓点**，如果基本面向好，但技术面上没有资金明显介入迹象的话，也不会贸然进场；**平仓一般是结合资金的离场情况和是否达到心理目标价位来决定。**

问题7：特别看好的机会会通过加重仓位把握趋势行情吗？单个品种的仓位以及总仓位如何控制？

袁海棠：对特别看好的机会，我们会重仓去把握这个趋势。我们的基金以混合策略为主，单个品种的仓位不会超过20%，总体的仓位可能会相对灵活一些，当行情特别好的时候，我们比较看好的时候会重仓，可能八成到九成仓；行情不是特别理想的时候，我们可能会空仓，或者以极低的仓位进行试探建仓。

问题8：2020年受疫情影响，商品市场普遍波动较大，如春节以后第一个交易日工业品全线大幅低开，3月受外围不确定因素影响，贵金属频繁跳空。您如何应对这些隔夜跳空波动，如何控制整体回撤？

袁海棠：2020年的行情波动是很剧烈，在隔夜跳空波动的情况下，其实没有特别好的应对方法，因为都是一些突发的因素和消息以及疫情对市场的恐慌性冲击，这是没有办法去预测的，所以**在防范隔夜跳空风险时减仓是第一首选，第二是做对冲**。我们的基金产品净值回撤达到10%的时候，就开始主动干预，如果判断后市行情会对基金净值造成15%以上的回撤，我们就会通过减仓、对冲等手段提前进行强制干预。

问题9：据了解，在出现好的套利机会时，您也会适当加入套利策略。您主要关注的是相关品种间套利还是同品种近远月合约间的套利，目前来看是否有较好的套利机会？

袁海棠：我们的套利主要还是集中在相关品种间的套利多一些，比如像油脂类的或者农产品当中豆粕的套利多一些，以及黄金和白银的金银比，目前看，**2021年我更看好黄金和白银比价走缩，就是多白银空黄金的一个套利机会，它的逻辑基本上是经济的复苏以及避险情绪的减弱。白银的工业属性更强一些**。

问题10：近两个月以来，包括有色、黑色、能化在内的工业品指数出现了一波趋势上涨行情，您认为这波多头行情还能否持续？或者您认为接下来商品市场中哪些品种或者板块可能出现趋势性交易机会，主要逻辑是什么？

袁海棠：我认为**2020年的多头行情应该是可以持续的，这是一个大周期**

的商品牛市的起点，现阶段都属于不错的介入机会，接下来可能会在工业品、农产品上都有不错的交易机会。可能到后期，黄金、白银的通胀型的投资机会也会更加明确，主要的逻辑是疫情减弱背景下经济复苏及全球流动性的充分宽裕。

问题11：据了解，您目前仍以主观手工交易为主，主观手工交易最大的弊端可能是盘中情绪干扰，请问您在交易不顺时如何迅速调整心态？

袁海堂：目前的交易主要还是以手工为主，但是我在止损各方面还是倾向于用各种条件单去触发离场。

我们在交易的时候经常会遇到不顺利，调整心态主要用减仓的方法。**减仓是很有利的一个工具，在任何情况下，减仓都会让你的心态得到放松，更客观地去面对行情**；另外就是多看少动，让你更真切地去感受市场。

问题12：您表示做好期货交易需要深刻洞悉人性、利用人性，在交易中，您如何利用人性中的贪婪与恐惧？

袁海堂：市场当中参与者总是伴随着贪婪和恐惧，市场所有的走势都是人的情绪的反应。**我们做期货，第一原则是避免犯错**。但人性是没有办法去克服的，所有的参与者都必须去感受。**第二原则就是利用人性的弱点取得一定的建仓优势**。比如说市场出现恐慌情绪的时候，对建仓会有利一些，我们要充分去感知市场，不要过分悲观；看到市场有好机会时，要勇于入场。

问题13：期货市场如战场，做好期货的过程是一个自我升华的过程。您从最初踏入市场至今已有20年，您自身的心态和理念发生了哪些转变？

袁海堂：刚入市的时候是想证明自己，挑战自我的心态来做交易。**经过20年的市场沉淀，现在会更用心地去感受市场，而不再去强调实现自我判断**。理念上比之前更注重资产配置了，在交易中少了很多个人情绪，更多是跟随市场。

问题14：贵公司旗下的产品中不少运用了复合策略，其中期货和证券的配比是多少？复合策略是否比纯期货策略、纯股票策略更稳定？

袁海堂：我们公司现在在运营的基金产品一共9只，其中京华龙稳健成长3号、京华龙稳健成长4号、京华龙稳健成长5号、京华龙传承1号、京华龙稳健成长9号是复合策略基金,京华龙CTA1号、京华龙CTA2号、京华龙CTA3号、京华龙CTA4号是纯期货策略基金。**根据我们这几年的运营经验来看,复合策略的基金的确要比纯期货策略或纯股票策略的基金表现更稳定,采用复合策略我们能发掘更多更好的投资机会来平滑净值收益曲线。**

在5只复合策略基金中,期货和证券的配比一般是1:1,但我们也会根据市场环境的变化适当调整两者的配比,达到更好地适应市场变化、取得最佳配置效果的目的。

问题15:2020年贵公司旗下证券投资类产品也表现突出,请问您在A股市场主要运用了哪些策略?2020年主要把握了哪几个板块的上涨行情?

袁海堂:**A股市场中我们还是以高成长策略为主,还有一些股期联动策略、事件驱动策略、困境反转策略等。**2020年主要把握住了年初科技板块和下半年有色板块的行情。

问题16:您如何选择出这些中长线具有价值投资的公司,选择的标准是什么?

袁海堂:我们对中长期看好的公司有严格的筛选标准:

第一,商业模式要好,有核心竞争优势和比较高的竞争壁垒。

第二,主营业务要有不错的增长且公司所在行业有巨大的市场空间。

第三,有优秀诚信的管理层,注重股东回报。

第四,要获得主流大资金的认可。

问题17:数据显示,2016年至今,贵公司旗下的证券类产品年化收益远超同期上证指数。连年实现超额收益的秘诀是什么?是否会进行行业板块间的切换?

袁海堂:我们并没有刻意追求超额收益,只是在基金的管理过程中做好了在市场出现跟我们预期一致的走势时让配置的组合利润奔跑,在市场出现跟我们预期不一致的走势时更好地控制了风险,这样长时间下来,超额收益就自然实现了。

我们会进行板块之间的切换,在A股市场上,板块之间的轮动还是比较明显的。

问题18：您有20年的证券市场投资经验，经历了多轮牛熊转换。多数投资者会在牛市时获得高额收益，而在熊市时将盈利全部还给市场。请问您如何应对熊市？

袁海堂：**熊市是每个投资者必须要面对的，也比牛市更能反映投资者的水平**。我们在应对熊市时，首先是先要知道如何判断熊市，其次就是当熊市来的时候你如何应对，你用什么手段来回避，一般我们主要通过对冲和多次试探建仓来应对；最后就是要有效把握熊市和牛市的转折点。这三点是联动的，我们主要通过这些来应对熊市。

问题19：2020年A股市场主要分为三个阶段，第一阶段是年初因疫情影响而暴跌，继而反弹；第二阶段是7月的快速拉升；第三阶段是8月至今的震荡阶段。您如何看待当前的A股市场？震荡可能会持续多久？

袁海堂：整体来讲，目前A股已经进入牛市阶段，市场已经在过去两年完成筑底，现在属于一个牛市的初级阶段，虽然目前缺少一些持续的热点，但**我认为A股的慢牛已经形成**。下半年来的震荡未能突破是缺乏一个契机，我觉得人民币持续的升值预期会让震荡结束，成为市场向上的助推器。

问题20：2021年疫情虽然可能不会完全结束，但其影响可能"渐行渐远"，在您看来，2021年A股市场的投资主线会是什么？您主要会布局哪些板块？

袁海堂：**2021年投资的主线一是消费相关的板块，比如新能源车；二是资源相关的板块，如有色资源类、农产品生产类的**。我认为大宗商品的牛市已经启动，所以会按照全球经济复苏的主线来配置以上两个大的板块。

问题21：众所周知，投资是一项低门槛、低成功率的职业，不少期货、股票爱好者也梦想有一天能成为职业投资人，在您看来，具备什么样性格的人更适合进行职业投资？

袁海堂：我觉得性格会对投资产生一些影响，但**我认为最重要的是要做到知己知彼和知行合一**。知彼是正确地看待市场，理解市场；知己是正确地认识自己的优势劣势以及适合什么样的投资策略。做到了这两点才可能适合做职业投资人。

问题22：您认为养成哪些重要的投资习惯、投资原则是必不可少的？

袁海堂：**投资习惯就是要坚持跟踪和学习总结，这是在进步路上必不可少的**，如果能够在某一些点上有自己的特长，然后把这个点扩展成一个交易系统，这样就会成为独树一帜的工具。如果你没有一招制胜的法宝，可能很难在资本市场上立足。

长时间在市场立足必不可少的原则是永远把风险控制作为投资第一重要的原则。

问题23：您从个人投资者向机构化运作实现了成功转型，在机构林立的时代，不少机构都有强大的学术背景与调研能力，贵公司最大的优势在哪里？

袁海堂：我觉得最大的优势是我们的团队。**我们的团队是从实战当中一步一步摸爬滚打出来的，无论研究能力还是风控都是有一定的优势的**。我们这个用于股票和期货的混合策略是过去十年当中运用得最成熟的一套交易系统，这个交易系统能够让我们在两个市场上都挖掘到比较好的投资机会，让我们在这两个市场中平衡风险的同时有效布局值得投资的机会。

问题24：您在第十一届"蓝海密剑"中国对冲基金公开赛上荣获晋衔奖，您对2020年获得的成绩满意吗？在比赛中有哪些经验可以分享？

袁海堂：对2020年的成绩还算满意，算是正常发挥吧。2020年由于公司的整体管理规模有了很大增长，我们就在策略上做了一些小的改动，以便更好地适应较大的资金规模。总体上也算不错地完成了既定目标。在比赛中的经验倒是谈不上，更多的是把自己的特长发挥出来，没有刻意去想比赛的事，更没有为了比赛而使用一些很激进的策略。

问题25：您对自己未来的交易之路有何规划？您希望把公司打造成怎样一家投资公司？

袁海堂：**对未来我还是保持发现价值的投资风格，布局伴随未来中国经济增长进而获得高成长的优秀公司。**我希望我们公司继续保持混合策略基金业绩稳定性和可复制性的特色，把公司打造成小而美、获得市场认可、具有一定知名度的私募基金公司。

王安：投资是一场长跑，尊重市场专注能力才能乘风破浪

(2020年12月14日　刘健伟访谈整理)

王安

清华大学金融硕士毕业（清华大学英语、经济学学士学位）；2014—2015年，于BDA投资咨询(老虎基金亚太研究)担任投资分析师；2015—2016年，于上海复星集团担任投资经理；2016年3月至今，担任庄贤投资总经理兼基金经理。

杭州庄贤投资曾获湘财证券-大智慧2018年度股票策略组第一名；私募排排网2019年股票一年期最稳基金经理排名第二位；东方财富私募风云榜2019年年度最佳私募基金公司；私募梦工厂2019实盘交易大赛股票多头组综合排名第一位。

精彩观点：

采用复合策略的方式，目的就是为应对出现对个别策略不友好的市场环境。

最核心的还是由100～150只化工大板块内个股组成，包含石化、染料、农药、各类助剂等细分子行业。

其次包括由50～100只具有周期属性的工业、农业板块类个股，主要包括基建、房地产、港口货运、猪肉鸡肉等细分子行业。

核心理念：所有可以由供给需求曲线改变而产生的股价波动都属于周期投资逻辑框架，突破传统的周期和非周期行业板块划分。

布局3大类机会：第一，壁垒错配机会；第二，价值回归机会；第三，变革成长机会。

油价在总需求回升的背景下有上行压力及国外产能负荷提升带来的供给边际增加。

疫情给行业里的老旧产能和中小产能也带来了不可逆的冲击，强者恒强的格局已经十分清晰。

我认为当前化工类公司的投资主线是按照产业链的价格传导机制，配置一体化龙头公司。

毫无疑问（有机硅和钛白粉）行业库存水平是偏低的，至于持续的时间上，短期需要高频跟踪下游拿货意愿，随着冬季淡季的来临，短期价格冲高都有调整的可能，但如果考虑到宏观的上行期至少持续到2021年二季度，那么在供给结构不变的情况下，季度均价仍将上行。

金融板块肯定还处于绝对低估。这种调整是对2021年行情的提前演绎，说明市场在调低2021年的收益率预期，但不愿离场。

壁垒举例来说就是万华化学的MDI，东材科技的光学基膜，新亚强的特种有机硅。标准升级就是震安科技的抗震标准升级，百合花的颜料标准升级。应用拓展，比如旗滨集团的浮法玻璃做光伏背板盖板。

价值股和周期股前期持续低估，有望在2021年的经济回弹过程中陆续弥合较大裂口，重点看好围绕全球资本开支增加的机械、智能化、中游材料、部分矿业等顺周期板块。

我们将从产业视角前瞻性判断供需关系，在供需紧平衡的临界点寻找合适的标的，只参与供需由紧平衡引起的高利润期，通过提前预埋仓位的方式来捕捉市场向上的动能；谨慎对待脱离供需结构，完全由情绪推动的股价暴涨阶段。

继续寻找看得懂的成长股，倾向于产品壁垒带来的技术品质领先、标准升级带来的需求拉动、技术提升带来的应用拓展等。

发生系统性风险时，降低绝对仓位，自上而下风控不得干预。

我们整体的风格是宁愿错过一些反弹的机会，也不会参与系统性风险时候的博弈。

在框定的风控体系内，我们愿意承担一定左侧交易的下跌风险，但当超过阈值时，我们会按照风控减仓。

第一，敬畏市场——风险控制比收益获取更重要。第二，专注做自己能力圈范围内的事情，精耕细作，不盲从、不跟风。

我们崇尚的公司文化是忠诚、勇毅、谦逊、进取。

只有"胸中有梦想，心中念客户"的投资人才会全身心投入于该事业。

问题1：王总您好，感谢您在百忙之中与七禾网、东航金融进行深入对话。庄贤投资是一家股票出身的投资机构，旗下股票产品在近几年均获得了不错的收益。而2020年在"蓝海密剑"期货实盘大赛上，庄贤投资的期货策略也获得了优异的表现。在期货市场上主要运用的是什么类型的投资策略？

王安：分为两大类。**第一类，复合CTA量化策略。**包括分钟短线趋势（商品+股指）在10分钟级别上抓取短级别的趋势行情。日线强弱对冲（商品）针对所有商品品类，捕捉存在对冲套利机会的品种，采用多因子共振进行多空对冲，利用高频交易程序日内交易获取盈利。日线趋势（商品+股指）利用趋势跟随的思想，在日线级别上跟踪趋势，是对日内短线趋势的补充。

第二类，衍生工具套利策略。包括股指+商品高频跨期套利，在模型认为的合理定价范围外，寻找过高或者过低的价格，以价格长期势必会回归为所有交易前提。场内期权套利，综合利用股指期货和对应期权之间的价差机会，开发波动率曲面测算程序，捕捉不同期限、不同交易方向上的波动率回归机会。

问题2：在股指期货和商品期货上，策略的盈利逻辑分别是什么？

王安：股指的策略包括高频跨期套利、分钟线短趋势、日线中趋势；商品的策略包括高频跨期套利、多因子强弱对冲、分钟线短趋势、日线中趋势。

问题3：2020年股指期货在7月出现一波快速拉升的行情之后便转入近四个月的震荡，行情的不同阶段，庄贤投资是否有不同的应对策略？

王安：股指高频跨期策略在7月以后低成交量、低波动率的情况下，交易机会明显减少，策略顺势降低股指跨期套利策略的开仓占比；股指分钟线趋势、日线趋势，则根据不同交易频率下的市场成交和波动率对仓位进行增减。

产品**采用复合策略的方式，目的就是为应对出现对个别策略不友好的市场环境**。

问题4：据了解，庄贤投资在股票市场非常擅长基本面分析，那么在商品市场上是否也会参考基本面，同时结合技术面进行交易？

王安：不会，CTA策略目前主要是量价因子驱动。

问题5：回顾2018、2019、2020三年，庄贤投资旗下证券类产品获得了远超市场的回报，请问三年间主要布局了哪些板块得以获得如此的超额收益？

王安：**最核心的还是由100~150只化工大板块内个股组成，包含石化、染料、农药、各类助剂等细分子行业。其次包括由50~100只具有周期属性的工业、农业板块类个股，主要包括基建、房地产、港口货运、猪肉鸡肉等细分子行业。**

问题6：庄贤投资股票类策略的核心逻辑是什么？

王安：**核心理念：所有可以由供给需求曲线改变而产生的股价波动都属于周期投资逻辑框架，突破传统的周期和非周期行业板块划分**。策略从大周期逻辑出发，积极寻找具有成长属性的公司标的。**布局3大类机会：第一，壁垒错配机会**：供需紧张造成的涨价就是一个时段的供应壁垒，技术带来的成本质量优势就是较长时间段的技术壁垒，口碑品牌卡位带来的品牌渠道价值也是一种壁垒。**第二，价值回归机会**：布局因市场风格偏好或者情绪等因素价值被严重低估的优质标的；风险收益比最稳的一种收益：时间是最大的朋友。**第三，变革成长机会**：寻找在大周期领域内苦练内功，有改革意愿和科研投入的进取型企业管理者。

问题7：据了解，庄贤投资的战略合作伙伴也是化工行业内的龙头企业，所以在化工周期板块内拥有较大的行业优势。随着疫情对于化工行业的影响逐渐减弱，请问在当前时点下，您认为化工类企业的投资主线是什么？

王安：疫情对化工行业的影响主要体现在油价和国内外产能的供需错位，疫情的逐步消除，也将使得这两方面的影响恢复到之前的状态，即**油价在总需求回升的背景下有上行压力及国外产能负荷提升带来的供给边际增加**。但同时也要看到，**疫情给行业里的老旧产能和中小产能也带来了不可逆的冲击，强者恒强的格局已经十分清晰。我认为当前化工类公司的投资主线是按照产业链的价格传导机制配置一体化龙头公司**，一方面价格作为催化剂和盈利提升的指示剂会提升短期收益，另一方面一体化龙头显著受益于宏观周期向上和集中度提升，这是一个兼顾阿尔法和贝塔的策略。

问题8：近期有机硅和钛白粉板块表现相对强势，目前供需和库存处于什么水平？未来行业景气度是否持续能上行？

王安：有机硅和钛白粉都曾有过价格暴涨的经历，都产生过大牛股。有一点是肯定的，就是价格的快速大幅上涨一定是供需出现了矛盾，在这一点上，**毫无疑问行业库存水平是偏低的，至于持续的时间上，短期需要高频跟踪下游拿货意愿，随着冬季淡季的来临，短期价格冲高都有调整的可能，但如果考虑到宏观的上行期至少持续到2021年二季度，那么在供给结构不变的情况下，季度均价仍将上行。**

问题9：投资标的除核心圈层的化工板块外，次优圈层和外圈层也包含了工业、农业、金融、消费等多个板块，在您看来目前哪个板块的价值还处于绝对低估，如何看待近期金融板块的拉升？

王安：按照我们的框架，**金融板块肯定还处于绝对低估**。金融板块近期的上涨是市场配置在进行跨年度的配置调整，资金从一些高估值板块流出，流入低估值顺周期且壁垒型行业。**这种调整是对2021年行情的提前演绎，说明市场在调低2021年的收益率预期，但不愿离场。**

问题10：在选择具体企业时，您提到需要积极关注企业的变革成长力量。举例来说，哪些变革对企业来说是具有成长性的力量？

王安：壁垒举例来说就是万华化学的MDI，东材科技的光学基膜，新亚强的特种有机硅。标准升级就是震安科技的抗震标准升级，百合花的颜料标准升级。应用拓展，比如旗滨集团的浮法玻璃做光伏背板盖板。

问题11：不同的投资策略适合的投资年限也是不同的，在您看来，庄贤投资需要多长的投资年限能为投资者提供超越市场的回报，让投资者认可？

王安：按照我们的框架和策略执行的实践，通常6～12个月持有体验会明显好于少于6个月的，持有一年的客户大部分会愿意成为长期的合作伙伴。

问题12：在您看来，拜登政府的上台可能会给中美关系带来怎样的转变，对A股市场可能产生怎样的影响？

王安：影响体现在几方面，**贸易方面：对中国不公平贸易竞争的判断统一**，但拜登反对特朗普的广泛关税战、中美"第一阶段"贸易协定，呼吁联合盟友，利用现有贸易法律制衡中国。**科技方面：拜登强调团结盟友并制定行业标准，以便管理高技术的全球使用。地缘政治方面：拜登强调增加美国在亚太地区军事部署，重振美国亚太主导地位，恢复和重构盟友关系。**

A股市场来看，**价值股和周期股前期持续低估**，有望在2021年的经济回弹过程中陆续弥合较大裂口，重点看好围绕全球资本开支增加的机械、智能化、中游材料、部分矿业等顺周期板块。

问题13：基于国内外的经济、政治形势，庄贤投资在2021年会有怎样的市场布局？

王安：针对周期行业的配置策略，**我们将从产业视角前瞻性判断供需关系，在供需紧平衡的临界点寻找合适的标的，只参与供需由紧平衡引起的高利润期，通过提前预埋仓位的方式来捕捉市场向上的动能；谨慎对待脱离供需结构，完全由情绪推动的股价暴涨阶段。**

针对周期行业中具备成长属性标的的配置策略：**继续寻找看得懂的成长股，倾向于产品壁垒带来的技术品质领先、标准升级带来的需求拉动、技术提升带来的应用拓展等。**

问题14：在识得一些可能导致市场下跌的信号或者风险事件时，有些机构可能采取仓位控制的方法，有些可能会偏好配置防御型板块，庄贤投资如何规避这些风险事件，降低回撤？

王安：**发生系统性风险时候，降低绝对仓位，自上而下风控不得干预。**

问题15：2020年春节后第一个交易日受疫情影响，市场出现指数级别跌停的情况，市场一度出现恐慌情绪，但不少敏锐的机构却敢于逆向投资，庄贤投资如何处理这次危机，您如何看待这些所谓的"黄金坑"？

王安：不会冒这种风险，**我们整体的风格是宁愿错过一些反弹的机会，也不会参与系统性风险时候的博弈。**

问题16：在寻找绝对低估品种，获取价值回归收益时，也可能会出现便宜的资产长期更便宜的风险，请问如何来规避这一风险？

王安：这不算风险，是周期和化工板块长期被市场所忽视和低估的一种真实反应。我们很多时候都会遇到公司基本面改善，但是股价却没有上涨或者受到市场情绪扰动反而继续下跌的情况。**我们的对策是：看两点之间的投资收益，同时与同时期持有该标的可能的下跌风险做对比。在框定的风控体系内，我们愿意承担一定左侧交易的下跌风险，但当超过阈值时，我们会按照风控减仓。**

问题17：落实到具体交易过程中，庄贤投资又如何止盈止损，把握整体账户风控？

王安：如下图所示。

风控措施	容许偏离度	核心风控措施概述
A 整体持仓风控	0%	产品净值不超过1.05，整体仓位不得高于5成；实际操作仓位一般在2-3之间
B 个股持仓风控	-10% ~ 10%	主板且营利强的公司，持仓不得超过总资产的30%；中小板公司不得超过20%；创业板且盈利能力较弱的公司，不得超过10%
C 个股回撤风控	0%	任何个股，亏损达到总资产规模3%，强制止损，且6个月内不得开新仓
D 整体回撤风控	-10% ~ 10%	非定制化产品，一般按照0.9预警，0.8止损设计产品合同；内部操作风控按照0.95预警来执行

庄贤投资核心风控措施

问题18：一般来说，机构的投研体系直接决定了投资决策的质量，请问庄贤投资的投研体系是怎样的？

王安：一类是科班研究员，负责基础数据的跟踪汇总，估值模型的搭建和研报分析；另一类来源于实业生产一线的数据员，负责提供化工周期行业内重点公司的生产经营数据情况，以便做出投资判断。

问题19："无新高，不生存"是私募江湖的法则，如果创不出新高，不论什么出身，过往业绩如何，都无法生存。庄贤投资作为一家新生代的资产管理机构，能够让业绩不断创新高的能力体现在哪些方面？

王安：做投资始终战战兢兢、如履薄冰，谁也不敢说一定能保持很高的投资收益。我们的投资理念主要是两点。**第一，敬畏市场——风险控制比收益获取更重要。第二，专注做自己能力圈范围内的事情，精耕细作，不盲从、不跟风。**

问题20：庄贤投资管理团队全部毕业于国内知名院校，且多名成员拥有丰富的二级市场实投经验，在您看来，人才衡量和选拔的标准是什么？

王安：最重要的一点我觉得其实是人品。**我们崇尚的公司文化是忠诚、勇毅、谦逊、进取。**做投资，在基本知识水平达标的前提下，能否做大做久，考验的是一个人的整体素养，**只有"胸中有梦想，心中念客户"的投资人，才会全身心投入于该事业。**

问题21：庄贤投资未来有着怎样的发展目标和规划？

王安：产品策略上，FOF、股票多头、量化CTA3条主线不动摇。细节上，股票策略会向消费、科技、医药等领域延伸；量化上，会往股票、期权等方向延伸。

公司管理上，稳定核心团队，同时积极吸引"新鲜血液"，营造公平、公正、公开的团队氛围的同时，鼓励良性竞争。

人才梯队上，预留员工持股平台，为吸引更多优秀人才留出空间；继续杭州-上海两地办公模式，给人才办公地点提供选择机会。

问题22：最后，再次恭喜贵公司2020年在"蓝海密剑"期货实盘大赛获得优异的成绩，您对2021年的大赛有怎样的期待？

王安：感谢"蓝海密剑"提供的平台，可以让庄贤投资被七禾网等同业媒体机构看到。我们始终会保持最好的资源及状态做好我们的产品，希望依旧能够在2021年大赛中取得优异成绩。

郭小波：交易策略不是盈利的核心，交易思想才是

(2020年12月15日　唐正璐整理)

郭小波

网名"行为资本"，美国特许金融分析师(CFA)持证人，中国人民大学经济学硕士，现兼任东北财经大学校外硕士导师、西南财经大学本科生行业导师。2012年开始交易期货，以程序化交易为主，拥有多套交易系统。

曾获第七届、第八届全国交易大赛程序化组第6名、第8名，以及第十届"蓝海密剑"中国对冲基金公开赛晋衔奖，"上校"衔级。

精彩观点：

市场的规律永远不会变，变化的是一些客观的社会环境，以及经济、金融环境。

技术分析、基本面分析和市场心理就相当于传统说的"天时、地利、人和"。

投资交易，如同行军打仗，需要整体谋划，孟子曰"天时不如地利，地利不如人和"，这是我对交易的整体理解，也说明行为金融在交易过程中为什么这么重要。

我们每年都觉得经济很困难，但实际上，经济在不断发展，货币在不断增长。从跨市场角度来看，除非2008年全球金融危机这样的特殊情况，至少最近10年没有一年出现过所有大类资产都下跌的情况，就是说通过宏观资产分类，每年都可以找到投资机会。

我认为传统金融学是孤立地看待市场，可以指导我们去分析、研究市场，但是无法指导我们去做投资。

没有人性的弱点，就没有金融市场的波动，也就没有投资交易的机会。

在交易的过程中利用"人性的弱点",就是从众心理,会让趋势无限制增长下去,我们要抓住这种非理性的机会。

程序只是一个工具,不是方法论。

我觉得方法论非常重要,我一直想把主观研究抽象出来,然后用抽象出来的两三个要素去交易,这才是真正的突破和升华。

2020年因为疫情,商品出现了较大的涨幅或者跌幅,2021年还会吗?我觉得可能性很大,2020年3、4月份,美联储单月基础货币增加了50%,对金融市场影响太大了,未来1~2年都会大波动。

中长线交易有个很大的优势,就是交易成本很低,并且策略不容易失效。

行为金融学认为人是情绪化的、不理性的,价格会很长时间错误,价格会偏离价值,基于这种假定,就可以趋势交易。

2021年我判断A股机会不是太大,从宏观层面看,经济开始复苏,但是货币会收紧,而A股正是由货币驱动的。

从行业层面,前期信息、医药、白酒、消费品已经历一轮强上涨,近期汽车、商品等周期行业补涨,目前A股除了银行外,估值都不低,所以2021年我持谨慎态度。

投资股票是投资未来,要考虑它未来1~10年的发展。

从2012年交易至今,我的收益大概在40倍左右,这是按照投资领域非常严格的方式计算的,就是每个月收益率=月收益额/月初总资金,然后计算复利,过去这些年年化收益率约50%。

同等损失带来的痛苦要高于同等盈利带来的快乐。

金融创新还是要遵从服务实体经济的原则,有实体资金的支撑,才能发展得更加长远,否则都是投机资金,市场很快会走向衰落。

参加比赛,年景好的时候,我的排名都在前1%;年景差的时候,一般也在前30%,但是拉长到5~8年期限来看的话,我一般排名都在前1%,这也符合自己的定位。

交易策略不是盈利的核心,交易思想才是。

问题1：郭先生您好，感谢您在百忙之中与七禾网、东航金融进行深入对话。距离七禾网上次与您对话已经过去三年多，在此期间，您对市场有什么新的看法和感悟？

郭小波：上次采访我记得是三年多以前，这三年，因为其他工作比较繁忙，对市场和交易关注相对少一点，新策略研究得也少一些，所以，新的看法说不上有什么，因为**市场的规律永远不会变，变化的是一些客观的社会环境，以及经济、金融环境**；自己主观的变化主要是心态的变化，在市场越来越久，经历得越来越多，心态稳健了很多。

问题2：您以行为金融学的角度理解期货市场，认为应把技术分析、基本面分析和交易心理分析结合起来，它们不是孤立的；股票、商品、利率、房地产也不是简单孤立的市场，这如何理解？

郭小波：技术分析、基本面分析和交易心理是所有交易者都每天会用到的，但很难将它们有效融合起来，这三年，我也一直在思考这个问题。2020年初因为疫情，我有时间看了《孙子兵法》，有一些感悟。我认为，**技术分析、基本面分析和市场心理就相当于传统说的"天时、地利、人和"**。比如，**基本面，就是我们所处的宏观环境、经济金融环境、行业与公司环境等，最终可以形成"供给与需求"的研究结果，相当于"天时"；技术分析，就是我们进入市场的时机、买入价格等，我们要在一个有利的位置上，去买入一只股票或者一个期货合约，相当于"地利"；交易心理，就是我怎么想的、别人怎么想的、大多数人怎么想的，所有人的想法如果综合起来，就相当于"人和"。投资交易，如同行军打仗，需要整体谋划，孟子曰"天时不如地利，地利不如人和"，这是我对交易的整体理解**，也说明行为金融在交易过程中为什么这么重要。举一个例子——中美贸易战对市场的影响：2019年每一次出现美国对中国科技进行限制的新闻，A股的反应都是科技类股票大跌，因为大家觉得技术被封杀了，很多科技企业活不下去了；而2020年刚好相反，出现华为这样的极端事件，A股如芯片等科技股票涨势反而非常好，因为大家觉得，你限制我的技术，我就要大力发展自己的基础科技，领头公司就有很多机会。所以，**同一个事件，在基本面没有明显变化的情况下，仅仅因为人心理的因素，**

会导致市场出现截然不同的反应，这就是"人和"的重要所在。

我们去看一些宏观研究员、固定收益研究员，他们研究范围一般都会包括股票、商品、利率、房地产这几类市场，因为现代金融中的货币呈现了高度流动性，股票、商品、利率、房地产价格受货币影响太大了，泛金融化了，它们之间的关联性我觉得主要体现了2个特征：一是总体货币供给量影响，如果货币供给变快，如年M2增速一提高，各类资产价格整体就会提高；二是此消彼长的关系，**我们每年都觉得经济很困难，但实际上，经济在不断发展，货币在不断增长。从跨市场角度来看，除非2008年全球金融危机这样的特殊情况，至少最近10年没有一年出现过所有大类资产都下跌的情况，就是说通过宏观资产分类，每年都可以找到投资机会。** 以这5年为例——2015年股市、2016年商品、2016—2018年房地产、2019年、2020年股市都出现了很多投资机会。

问题3：市场中很多投资者并不了解行为金融学，请您介绍一下行为金融学和传统金融学的区别。

郭小波：行为金融学相对比较难懂，因为它有很多心理学的成分在里面，这个学科兴起于20世纪70年代，基本理论是认为人是非完全理性的，它的出发点就颠覆了传统的金融学理论，认为金融市场的非理性行为在价格变动中扮演了极其重要的角色，并且非理性行为会重复出现，导致金融市场价格动荡，隔一段时间，某个市场就会出现非理性繁荣和萧条，导致价格范围超出了价值应有的变动范围，从而出现了趋势，市场参与者非理性导致的繁荣和萧条都会超出应有的范围。有个非常有意思的现象，大家所知道的投资大师索罗斯早期本希望成为一名哲学家，后来从事了投资，他出版过一本非常深奥难懂的书，叫《金融炼金术》，并在20世纪70年代提出了"反身性"理论，大家有空可以去认真了解一下，"反身性"理论就是讲价格如何影响心理，心理又如何影响价格，最终导致价格螺旋式上涨的，这就是行为金融学，他提出这个理论和后来拿诺贝尔经济学奖的教授们差不多在同一时间。

传统金融学有个基本的假定，是基于经济学中关于理性人的假设，基于这个假定，将市场分为强有效市场、半强有效市场和弱有效市场三种类型，按照这个分类，我们什么都不用做，进行一些长期资产配置，买入指数就可以了，因为我们很难跑赢市场。这三个分类将交易策略孤立起来看待，比如强有效市场理论认为所有策略（包括内幕交易）都无效，半强有效市场理论认为基本面分析、技术策略无效，弱有效市场理论认为技术策略无效，所以，**我认为传统金融学是孤立地看待市场，可以指导我们去分析、研究市场，但是无法指导我们去做投资。**

问题4：传统金融学认为人是理性的，而行为金融学认为人是非完全理性的，那么，投资者的非理性表现有哪些？

郭小波：有非常非常多行为——自己的交易行为与之进行对照，基本都能框进去。我也见到很多人，频繁犯下各种各样的错误，并且对自己的错误一无所知。列举一些常见的例子，比如"代表性偏差"，主要指以过去的经验直接去推断未来；"后见之明"，即事后诸葛亮，结果发生之后才声称自己有先见之明，根据结果调整自己的意见；"确认偏差"，主要指看见并赞同与自己相同意见的投资决策，对不同的意见采取视而不见的态度；"易得依赖"，指投资决策中，倾向于依靠已有的、容易获得的信息，而不是真正正确的信息；"损失厌恶"，即不愿意面对损失，往往表现为对亏损的仓位不愿意止损，会长期持有，希望扭亏为盈；"过度自信"，即对自己的投资预测异常自信，特别喜欢把"对"归因于自己，"错"归因于别人。

问题5：作为行为金融学的拥护者，您如何看待"人性的弱点"？在交易的过程中又会如何规避乃至利用"人性的弱点"？

郭小波：人性的弱点太多了，我觉得人一生到处都存在，并且永远都会存在。但换个角度考虑，**没有人性的弱点，就没有金融市场的波动，也就没有投资交易的机会。**在投资的时候，我觉得不怕有弱点，就怕不知道这是弱点。经常听到有人说"要不是因为某某情况我肯定能赚……（多少钱），结果反而亏了……（多少钱）"，这就是没有认识到人性的弱点，因为你即使规避了上述提到的某种错误，后面还有无穷无尽的错误阻碍你获得成功。**在交易的过程中利用"人性的弱点"，就是从众心理，会让趋势无限制增长下去，我们要抓住这种非理性的机会**；规避"人性的弱点"，就是建立某些交易原则，并严格去遵守。程序化交易，就是在理性分析以后设定策略，理性去执行，最后规避这些弱点。

问题6：您把自己比喻成潜伏捕食为主的大型捕食动物，而非追逐捕食者，这是为何？

郭小波：这是我几年前访谈中偶尔想到的。我观察自己，也观察了市场上很多做得比较好的账户，除了极个别做高频交易的，账户净值增长基本都是呈现阶梯状的。市场平静的时候，不利的情况可能会持续几个月，甚至1～2年，要保证账户比较平稳，确保不亏或者少亏，等机会来临时能抓住投资机会赚上一笔。大型捕食动物也是这样，很长一段时间都在休息，然后再捕猎一次。

问题7：据了解，您以程序交易为主，也做以基本面分析为主的手动交易，一般来说，大部分投资者转为程序化交易后都会放弃手动交易，您为何仍坚持手动交易？

郭小波：我开始程序交易不是从课本上学来的，也不是简单测试出来的，而是基于自己对行为金融和市场理解以后形成了一种抽象的概念，然后把这个概念程序化。开始程序交易以后，我才学习了一些策略，看了一些方法论，发现自己的想法和别人是一致的，从100年前的杰西·利弗莫尔到当今的索罗斯，以及前些年流行的海龟交易法则的核心观念基本是一样的。**程序只是一个工具，不是方法论。**所以，我觉得方法论非常重要，我一直想把主观研究**抽象出来，然后用抽象出来的两三个要素去交易，这才是真正的突破和升华。**这几年对一些经济、金融理论研究得比较少，空闲时间看了《孙子兵法》，及其他一些商业方面的书，更多是思考一些战略方面的问题、未来社会发展的问题，看看能否再突破。目前主观交易确实还很一般，如果打分的话，主观交易整体能得60分，研究分析能力80分，执行能力50分，比较不满意。

问题8：当前，您共有几套交易系统，这些系统的核心和特点分别是什么？

郭小波：用的大概是4套系统，包括日内交易、中线交易、长线交易、套利交易。最早只有一个系统，发现不足，就增加了1个系统去弥补，然后又发现不足，又去增加，现在基本比较满意了，这3年多回撤比较小，感觉不同市场都可以适应。举一个简单的例子：多数人做趋势交易，趋势快结束的时候就会有很大的回撤，怎么规避这个回撤？一般趋势末端很多趋势交易者赚了很多钱反而加大仓位，所以趋势末端波动会变大；波动变大，套利机会其实就出现了，这个阶段就要降低趋势交易，增加套利交易。**我可以把这些策略设定一些指标去观察，通过较为广泛的品种成体系地整合起来，形成一个类似生态的体系，在行情不好的时候，可以持平或者不亏；在行情好的时候，可以顺利地抓住机会。**

问题9：资料显示，日内短线和中长线您皆涉及，其中股指期货以日内短线为主，其他品种以中长线为主，您为何这样来做？股指期货尽管目前有所松绑，但相较于其他商品品种，交易成本依然较高，您仍选择交易它的原因是什么？在您看来，中长线交易的优点又有哪些？

郭小波：金融投资还是要看背后的实体，股指期货背后是几十万亿的实体股票市场，中国股票市场越来越庞大，现在全球排名第二，股指期货背后隐藏的实体太庞大，肯定是交易的重点，我早期就重点做股指日内交易，但是A股越来越成熟，大起大落的情况越来越少，日内交易获利越来越困难，虽然股指日内交易还有一定比例，但比例一直在下降。

中长线交易相对短线交易不容易赚快钱。做中长线交易，需要市场出现大的趋势，全球经济增速越来越慢，商品需求也在降低，所以这几年商品波动小了很多，但**2020年因为疫情，商品出现了较大的涨幅或者跌幅，2021年还会吗？我觉得可能性很大。2020年3、4月美联储单月基础货币增加了50%，对金融市场影响太大了，未来1～2年都会有大波动。中长线交易有个很大的优势，就是交易成本很低，并且策略不容易失效。**很多新人，不管是做程序交易还是主观交易，为追逐高利润都喜欢做短线交易，但长远来看，我还是喜欢中长线交易。

问题10：您也做套利交易，请问传统金融学和行为金融学对套利的理解有何区别？

郭小波：我认为趋势交易和套利交易的理论基础是不一样的。传统金融学认为市场是有效的，价格会回归价值，长期来看这是对的，但价格回归价值的路径千奇百怪，时间也可能超出我们的想象。做套利就是等待价格回归价值，需要很长的投资期限，也需要忍受各种回归路径，要加大亏损容忍度。**行为金融学认为人是情绪化的、不理性的，价格会很长时间错误，价格会偏离价值，基于这种假定，就可以趋势交易。**

问题11：在您的套利运作体系中，是如何识别套利机会的，如何制定和执行套利方案？就您看来最近有哪些套利机会？

郭小波：我根据商品之间的产业链上下游、替代品等关系建立了一些跨品种套利的曲线，定期进行跟踪，发现出现异常的价差情况时会去查看是否有一些客观的原因、原因是否是短期的，然后会选择在合适的时间等待市场逐渐平静的时候进行套利。最近价差变化其实很大，套利的机会比较多，比如天然橡胶和20号橡胶、焦炭和焦煤、豆油和菜油等等都出现了比较大的价差波动，有些因素是短期的，有些因素是长期的，而有些因素纯粹是价格波动导致的。

问题12：您也参与股票交易，就您看来，A股目前处在怎样的阶段或状态，未来看涨还是看跌？

郭小波：现在A股的货币金融属性比较强，2018年金融去杠杆下跌一年，2019年开始复苏，2020年受疫情影响，但是股市表现反而比较好，我觉得关键还是货币增速较快。2021年，**我判断A股机会不是太大，从宏观层面，经济开始复苏，但是货币会收紧，而A股正是由货币驱动的；从行业层面，前期信息、医药、白酒、消费品已经历一轮强上涨，近期汽车、商品等周期行业补涨，目前A股除了银行外，估值都不低，所以2021年我持谨慎态度。**

问题13：提到股票，就不得不谈选股逻辑，要从众多的股票中选出优质的股票很难，您的选股标准和逻辑是怎么样的？

郭小波：股票和商品期货的投资本质有所不同，除非企业倒闭，股票是没有到期期限的，所以**投资股票是投资未来，要考虑它未来1~10年的发展。**商品期货都有到期日，其实是投资现在，只要考虑它未来1~6个月的供需关系，判断价格走势。因为股票是投资未来，加上种类繁多，确实选股比较困难，**我一般是自上而下的策略，选择未来1~5年较好的行业，然后建立一些**

量化指标，选出估值较低、增速较快、交易量适中且没有被热炒的股票，然后按照季度到半年的周期去投资。

问题14：外盘外汇您也有涉及，2020年以来，持续蔓延的疫情以及纷繁复杂的国际形势使得外围市场的波动非常剧烈，您的交易是否受到影响，采取了哪些应对措施？

郭小波：外围市场波动确实影响很大，2020年原油、美股波动都很大，我也受到一些不利影响，我还记得当时是3月。面对不利的局面，一般精神压力比较大，这个时候采取的措施就是停止外盘交易，所以亏损非常有限。

问题15：交易至今，您的资金增长情况如何，怎么看待这样的成绩？当前，在您所涉及的金融市场中，哪个市场分配的资金占比最大？

郭小波：从2012年交易至今，我的收益大概在40倍左右，这是按照投资领域非常严格的方式计算的，就是每个月收益率=月收益额/月初总资金，然后计算复利，过去这些年年化收益率约50%。2012—2017年波动较大，当时资金量小、策略不够，算是打基础。2017—2020年，4类策略更加丰富，并且互补，仓位也降低了，波动变小了，但2017—2019年收益率降低了，2020年因为客观原因，市场波动很大，所以收益率较高。预计未来不会有这么高的收益。目前，还是国内期货分配资金多一些，因为做了9年，模式很成熟了。

问题16：您从交易第一天开始，就坚持按月统计曲线，请问，坚持按月统计对交易来说有哪些优点，您保持这个习惯的原因是什么？

郭小波：最开始，我也是按天统计，一是觉得太累，二是觉得太短视，后来改成按月统计，不太关注短期的盈亏，还有个好处，就是收益率统计非常客观，我知道每个月金融投资的总资金，然后知道当月收益，就可以非常标准化地计算收益率。统计这么多年，定期回看过去，也算自审、自醒。

问题17：您早期的最大回撤一度接近40%，请问这个回撤是如何造成的，此后，您在风险控制上，有着什么原则？

郭小波：投资将近9年，我印象中，有两次较大回撤，第一次是2013年，当时刚交易满1年，第一年大概有5倍收益，还参加了期货日报比赛，在程序化第一名保持了很长一段时间，单品种、单策略、高杠杆，遇上当年光大股指期货事件，出现了40%的回撤。第二次，大概是2017年，因为经历了2016年供给侧改革导致的黑色系商品牛市，自己的仓位比较高，策略没有那么分散，也出现了超过30%的回撤。2017年时，我降低了自己的投资收益目标，把投资期限拉长了，降低了头寸，形成了4类互补的策略，自然就降低了回撤。2017年以后，我的最大回撤应该不到20%。

问题18： 您总结了九个投资的基本原则，其中不少原则在上一次采访中均有提到，其中一个原则是交易审视：用行为金融观点，审视自己和他人的投资行为，查找不足。请问，您是怎么运用行为金融观点审视自己和他人的投资行为的？能举例子说明吗？

郭小波： 审视不足非常重要。很多时候，投资失败都是因为自己心理的不足。比如，投资领域常说"截断亏损，让利润奔跑"，但是早期交易中，打开我的账户，一般亏损的会长期持有，盈利的会快速卖掉，这符合"行为金融学"的偏差，就是"损失厌恶"，也可以用数学表达式证明：**同等损失带来的痛苦要高于同等盈利带来的快乐。**再举个例子，我看一些人研究股票，晚上看国际新闻预料走势，早上看大盘走势，中午去论坛研究内幕消息判断走势，下午又去看几个量化技术指标研究走势，我把这类人叫"半个政治学家、半个心理学家、半个阴谋论家、半个物理学家"，这就是典型的"代表性偏差"，即在某些已经被证明的事实上，选择某个代表信息去推断未来。学完那么多行为金融观点，你会发现很多问题放到正常人的身上是很难避免的，唯一的可能就是建立一个相对客观、独立的投资体系。

问题19： 您是金融专业出身的投资者，具备扎实的金融理论基础，做了这么多年的交易，相信您也接触了一些并非科班出身、自学摸索的投资者。就您看来，金融科班出身和"野路子"自学摸索的投资者在股票、期货交易中有多大差别？

郭小波： 我也是"半路出家"，大学学的是工科，研究生学的理论经济学，后来考完CFA才掌握了金融实务知识，至于做投资、做策略、搞量化，也完全是自学。搞量化策略的基础就是大学一门C语言课程，后来忘光了，就一边看论坛一边编程。完全不知道量化交易是什么，软件也不知道怎么用，但是大学时候玩网游，我会编脚本，24小时用外挂机升级，我当时一琢磨，应该和量化交易差不多，2012年，我摸索了几天就实盘上手了。所以我在投资领域也算是"野路子"。科班出身，有理论基础，如果毕业去了一个投资机构，一般也是在研究岗位或者交易岗位，然后慢慢成长为投资经理——很多人成为投资经理、基金经理，不是因为他有多牛，而是公司平台给了他机会。现在来看，只要自己足够努力，克服困难，也可以做得很好。我毕业时也想去投资机构，赶上2008年金融危机，面试了一圈，都没有成功，最后去了其他金融机构。但是我一直没有放弃，不断摸索，目前我可以独立掌握宏观分析、策略研究、量化编程、风险控制，虽然比较辛苦，但能每年有一些收益，可以养家，还是挺开心的。如果我在大投资机构工作的话，各种合规限制、专业分工，可能达不到现在的收益率。

问题20：对于并非科班的普通投资者在交易金融衍生品时，您有哪些建议，认为应该注意哪些方面？

郭小波：科班并非成功的必要因素，只要愿意花大力气去研究，都有可能成功。我认识很多期货交易做得很好的朋友，都是理工科出身，相反，学经济金融的，除非在机构做投资，自己单独交易的，很少遇到做得好的。如果要说注意的话，没有一点金融理论的，非常容易相信某一个方面，比如，觉得编一个策略，测试的结果就是未来，看不到测试结果背后的原因，也看不到风险。忽略了各类风险，这是非常危险的，你做得再好，有再多的翻倍收益，一次亏损80%，一切就白干了。

问题21：近两年来，监管层对期货市场的创新非常多，例如上市品种不断丰富，您觉得期货市场还有哪些方面需要创新？您希望未来期货市场往哪方向发展？

郭小波：近年来，创新确实比较多，品种不断增加，还增加了很多期权交易。**金融创新还是要遵从服务实体经济的原则，有实体资金的支撑，才能发展得更加长远，否则都是投机资金，市场很快会走向衰落**。期货市场的品种越来越多，尤其一些化工品，我也不太了解到底是什么、用途是什么、供需怎么样，要逐步去了解，才会纳入到交易中来。未来期货市场比较好的结构是实体资金为主，机构资金用作资产配置，少量个人资金、高频资金可提高交易量，提供流动性。

问题22：您参与了东航金融"蓝海密剑"实盘大赛并取得了不错的成绩。请问您参与大赛的初衷是什么？就您看来，参加实盘比赛对投资者个人来说有什么有利的方面？

郭小波：最早可能是想参加比赛，出出名，认识认识高手。但是参加几年以后，我也不太关注比赛本身了，就在网站挂着，偶尔去看看。现在觉得，比赛可以提供一个客观、公正的统计和评价，和优秀的交易员进行对比，审视自己的不足。我发现，**参加比赛年景好的时候，我的排名都在前1%；年景差的时候，一般也在前30%；但是拉长到5~8年期限来看的话，我一般排名都在前1%，这也符合自己的定位。**期货比赛报一次名，主办方可以替我们长期统计，看看参赛者的那些品种收益情况如何，交易频率如何，是非常有必要的。有些朋友可能投资了很多年，都不知道自己的盈亏原因。当然，有些人会担心参赛导致交易数据泄露、策略泄露，这我从来没有担心过，交易策略不是盈利的核心，交易思想才是。

问题23：您未来仍然会继续参赛吗？对大赛有什么建议和期许？

郭小波：我会继续参加比赛。对比赛的期望——希望忽略比赛本身，把比赛当成一个长期的赛跑。

问题24：最后，请您谈谈未来2~3年，您在交易上您有着什么规划？

郭小波：未来2~3年，计划还是按照目前的模式进行量化交易。如果因为收益的原因资金量进一步扩大的话，我会进一步拉长投资期限、降低投资杠杆，同时，多尝试进行股票的量化选股投资，确保投资收益能够更加稳健。

鼋石资产：盘后才看一小眼，年年却把复利点

(2020年11月13日　傅旭鹏访谈整理)

鼋石资产量化交易团队目前由两名成员组成：

毛丑

杭州本土人士。2007年大学毕业后从某期货公司经纪人起步，入行历经沧桑后，立志在期货闯荡。在做满两年模拟后，开始全自动化交易，已实现稳定盈利。

郑石

网名："碎石大湿胸"。兼职交易。2000年进入股市，2004年接触期货，2014年后期货交易逐步开始稳定盈利，以量化趋势追踪交易为主，操作手法稳健，座右铭——亘若上鼋，固如磐石。

目前团队实际管理资金规模1亿元+，全量化交易，以多品种中长线的隔夜趋势单为主要策略，历史年均收益率50%。

精彩观点：

投资最难的部分不是技巧，而是对自身的定位；再牛的理想，都经不住傻子一般的坚持。放弃偶然，等待必然！

低级的欲望，通过放纵就可获得；高级的欲望，通过自律方可获得；顶级的欲望，通过煎熬才可获得。太阳底下无新鲜事；我的交易理念就是大道至简，尊重常识。

回撤是交易里面必须经历的一环，没有回撤的交易，风险就在正前方。当然这不包括高频交易。

量化交易，是一个被动管理能力为主、主观管理能力为辅的行业，相当于看天吃饭，等待行情的到来。所以我们能做的就是发扬"逆来顺受"的美

德——逆势如饮酒，仰头面对；顺势如品茶，低头谦卑。

坚信最美的风景往往在最绝望的时候呈现，只要熬过去了，野百合也有春天，这是我们的交易信仰。

赚小钱的方法有很多，赚大钱的方法就那么几种，其中赚大钱又不影响生活的就更少了。"花无百日红，门派有不同"，我们赚钱不是靠分析高估低估、供应需求，而是靠不猜、不看、不动。

（期货）真正的残酷在于：哪怕你千百次成功，一次失误就可能让你清零，所以这个行业里，一年三倍的人很多，三年一倍的人很少；"流星"很多，"寿星"很少。

市场是"大爷"，我们是"孙子"。始终保持一颗敬畏之心，轻仓分散，永远以如履薄冰的姿态面对行情。

我们是中长期趋势策略，交易频次不高，本身滑点不敏感。资金量大时，可以通过拆单程序或者做一些延时处理，不在人家触发的高峰期下单，这样滑点问题就比较完美地解决了。

波动加大是好事，让暴风雨来得更猛烈些吧！我不会对策略进行调整，等的就是波动。唯一要做调整的可能就是仓位控制，永远要轻仓，把风险控制住。"意外里没有明天，明天里都是意外。"

钱是赚不完的，一次打击就可能致命。所以交易者永远要如履薄冰、战战兢兢，尤其是长假期间。本金安全永远是排第一位的，这是对客户负责，也是对自己负责！

我们不想因偶然一夜暴富，只等待必然的到来。

变和不变是永恒的哲学难题。人类最大的教训是不会吸取教训，这是人性决定的，所以我不担心策略失效。人性亘古不变，尤其是散户居多的高杠杆市场，更放大了人性中贪婪的一面。

（做程序化交易）必须要有坚持下去的勇气，哪怕一年甚至两年不赚钱，只要在你预期的亏损幅度范围内就要坚持下去。

他们（程序化交易做得好的人）的执行力都很强，非常有主见和定力，不会轻易改变自己的规则。

我认为程序化交易永远不会失效。还是那句话，绝大部分人是经不起任何煎熬的，不要说一两年，一两个月不赚钱，他们就可能不做了。

我永远不期待完美，已习惯一路颠簸，一路向前；很多坚持并非没有意义。

问题1：毛丑先生您好，感谢您和东航金融、七禾网进行深入对话。2020年是您做程序化交易的第十年，做了十年的程序化交易，您最大的感受是什么？

毛丑：投资最难的部分不是技巧，而是对自身的定位；再牛的理想，都经不住傻子一般的坚持。放弃偶然，等待必然！

问题2：在这程序化交易的十年时间中，您的交易理念、交易方法有过哪些变化？

毛丑：这个十年当中交易理念和交易方法真的没有发生过本质的变化，只是越来越觉得自己是个"废人"！我个人的理解是，**低级的欲望，通过放纵就可获得；高级的欲望，通过自律方可获得；顶级的欲望，通过煎熬才可获得。我的交易理念就是大道至简，尊重常识。**

问题3：近期程序化交易普遍回撤比较大，您认为是否是部分程序化交易策略失效的原因而导致大幅回撤？作为程序化交易者，在这一波回撤中应该如何调整自己的交易策略？

郑石：我认为**回撤是我们交易里面必须经历的一环；没有回撤的交易，风险就在正前方**，当然这不包括高频交易。

量化交易，是一个被动管理能力为主、主观管理能力为辅的行业，通俗地说就是看天吃饭，等待行情的到来。所以我们能做的就是发扬"逆来顺受"的美德——**逆势如饮酒，仰头面对；顺势如品茶，低头谦卑。**

我们坚信最美的风景往往在最绝望的时候呈现，只要熬过去了，野百合也有春天，**这就是我的交易信念。**所以回撤对我们来说也不是问题，都在我们的预期范围内，比如10%~20%的较大回撤，也都是应该承受的，不要刻意地去避免回撤、追求完美，这样反而会因小失大。

对我来说，交易策略不用调整，因为这个策略在过去十几年中被证明有效,而且市场波动的逻辑并没有质的改变。

问题4: 据我们了解,您是做期货经纪业务出身的,在多年的工作中,您对期货市场中散户的生存状况、近几年期货市场投资者结构的变化有什么感想?

毛丑: 我2007年大学毕业后就进入了期货这个行业,一开始做的是期货经纪业务。在期货这个行业,时间拉长来看,三到五年里基本上90%以上的客户都是亏损的。现在市场有所变化,可能60%左右都是机构客户了,参与主体也在慢慢发生变化。

近来大商所就棕榈油期货合约交易申报费的征求意见,体现了党和国家相关部门审慎的监管态度和从严的监管决心,从而维护市场的"三公原则",倡导广大投资者理性投资,促进期货市场功能发挥,更好地服务产业链企业对冲风险。

问题5: 您认为"赚钱很简单,但是不容易",请问应该如何理解这句话,怎样才能让在期货市场上赚钱变得简单?

郑石: 对期货交易者来说,门槛是很低的,只要智商不太低,花一点时间,开个户、装个交易软件,手指动动就能开仓平仓了,谁都能赚点快钱,再加上点运气成分,胆子大点的还能赚好几倍。但**真正的残酷在于,哪怕你千百次成功,一次失误就可能让你清零,所以这个行业里,一年三倍的人很多,三年一倍的人很少;"流星"很多,"寿星"很少。**

问题6: 我们了解到,您从2013年2月25日开始,有一个单账户以100万元起步,期间0出金,到目前做到700万元左右的权益,在账户资金增长的过程中,您这几年的心路历程是怎样的,中途是否有过暂停或者修改策略的想法?

毛丑: 赚小钱的方法有很多,赚大钱的方法就那么几种,其中赚大钱又不影响生活的就更少了;"花无百日红,门派有不同",我赚钱不是靠分析高估低估、供应需求,是靠不猜、不看、不动。

先说说最难受的时候,2016年"双十一"那天很多商品从涨停到跌停,账户一天就有30%左右的波动,有时守系统、守真心非常难!这8年来,我还是当初的我,只是岁月留下了些许痕迹,中途真的没有暂停或者修改策略的想法，其间我发现身边的人都在亏钱，到最后比拼的其实是交易信仰。**市场是"大爷"，我们是"孙子"，始终保持一颗敬畏之心，轻仓分散，永远以如履薄冰的姿态面对行情。**

问题7：请问您目前的这套实盘交易策略主要特点是什么，是如何形成的？

郑石：这个策略核心就八个字"趋势跟踪，追涨杀跌"。这套策略的形成，首先要感谢两个人：一位是章位福老师，另一位是韩红政老师，没有他们，我相信我也不会走上量化交易这条路。我对最初形成的交易策略还做了一些改良，形成了符合自己个性、仓位、交易习惯的策略。

问题8：对不同的品种，账户的资金您是如何分配的？

郑石：每个品种基本上都是平均分配的，我不去主观判断品种好坏，这样比较符合坚持的原则，一般会选25~30个流动性比较好、沉淀资金大、相关性弱的品种。比如黑色系，我们就选焦炭、螺纹钢、铁矿石，热卷和焦煤就放弃了，这样相对来说风险可以降低。

问题9：您目前管理的资金规模比之前大很多，和您之前管理的资金相比，交易方法和理念上有哪些不同？您的交易策略比较单一，在管理大资金的过程中，是否需要做一些其他方面的调整？

郑石：交易理念和方法还是一模一样的，不管是管理一个账户还是几十个账户，不管是一个几十万元的账户还是一个几千万元的账户，都是一套策略，交易理念是一样的，所以说资金曲线基本上是差不多的。

账户多了、资金量大了，肯定会做一些个性化的处理，无非就是滑点的问题。资金量大了之后，单笔下单冲击成本是很大的，这样对账户损害很大。当然，这是可以适当避免的。因为我们的交易频率比较低，滑点对我们的冲击相对较小，可以延迟10分钟、15分钟甚至半个小时再下单，这对我们的影响不是很大，这样的话我们容量就可以做得比较大。另外**可以把一笔单子拆分成多次下单，或者做一些延时处理，不在触发的高峰期下单，这样滑点问题就比较好地解决了。**

问题10：2020年以来期货市场波动明显加剧，机会增加的同时潜在的风险也加大，您对这样的行情有什么感受，在交易策略上是否会做出相应的调整？

郑石：波动加大是好事，让暴风雨来得更猛烈些吧！我不会对策略进行调整，等的就是波动。唯一要做调整的可能就是仓位控制，永远要轻仓，把风险控制住。"意外里没有明天，明天里都是意外。"2020年春节之前，我们留了部分空单，有人股票亏了很多，我们过年后是创新高的，这就是波动的好处。反过来说，如果做反了，波动的坏处也很明显，所以我觉得还是要轻仓，尤其是长假期间。但趋势跟踪交易神奇的地方在于大行情来临时我们肯定是正确的一方，因为市场远比我们聪明，在我们还懵懂时其端倪已现。

问题11：2020年受到疫情和国际形势复杂多变的影响，原油、黄金、白银等有外盘的品种隔夜或者假期期间经常出现暴涨暴跌的行情，从而导致内盘品种隔夜跳空巨大，面对这样的行情，您认为程序化交易在策略方面是否需要做出一定的调整，以减少隔夜跳空带来的风险？

郑石：跟外盘关系比较紧密的品种有原油、黄金、白银等，从历史测试来看，策略效果要打一些折扣，因为定价权不在我们这里，所以长假对我们的干扰是很大的，要么降低权重，要么就减少参与，因为不可测的因素太多了，我觉得无论谁都没有很好的方法应对，除非是神。像春节这样的长假，我们必须防范，尤其当我们持仓的品种都是同一个方向的时候，必须要降低仓位至合理处。**钱是赚不完的，一次打击就可能致命。所以交易者永远要如履薄冰、战战兢兢，尤其是长假期间；本金安全永远是排第一位的，这是对客户负责，也是对自己负责！**

问题12：受到疫情的影响，有不少交易者认为期货市场大波动行情将会延续较长的时间，对此您怎么看？您认为这对程序化交易而言是否是一个难得的机会？程序化交易者应该如何调整自己的交易策略以抓住这样的行情机会？

郑石：我刚刚说了，波动加大，肯定是好事，因为我的策略是经过大量的样本测试的，所以肯定不会更改策略，更不会去主观预测市场，因为做量化交易的人保持的就是一个客观的状态，主观预测市场反而会徒受其扰，不是好事。我赚的就是波动的钱,波动越大,越是好事,只要参与其中就行了,让市场奖赏我们,就这么简单。

问题13:您有这样一个观点:没有料事如神的人,只有坚持信仰的神,"老天爱笨小孩"。请问您的交易信仰是什么,为什么会认为在期货市场,"老天爱笨小孩"?

郑石:我的交易信仰就两句话,一句是"流水不争先",还有一句是"慢就是快"。"快"和"慢"这两个哲学理念必须要考虑清楚,贪快反而把自己的"命"搭进去的太多了,这个市场上赌徒太多了,谁都想暴利,但爱因斯坦说过:复利是世界上第八大奇迹。

做量化交易,最大的考验是人的执行力。策略当然有好有坏,肯定有些比较优秀的策略,但是任何策略都有适应和不适应的时候,没有人能做到在适应的时候交易、不适应的时候不交易,因为没有人可以预料世事。所以我们能做的就是提高执行力,尤其是在不顺的时候,就是考验交易信仰的时候,所以这行考验的是执行力和被动管理能力,跟智商和学历当然也有关,但是不占太大的比重,反而执行力和被动管理能力是非常重紧的。所以我说"老天爱笨小孩",有些人太"聪明",想得太多,一天一个主意,每天换个新方法,我身边这样的人有很多,最后往往都做不好交易。**我们不想偶然暴富,只等待必然的到来。**

问题14:在您看来,交易应当大道至简,"一种腿法练万遍,一套系统安天下",做趋势的,本质上无差别。而有不少人认为,应该用不同风格的策略进行组合对冲交易,认为不可能"一招鲜,吃遍天",对此您怎么看?

郑石:这个问题见仁见智,没有对错之分,跟个人的承受力、个性有关,只要你认可自己的策略,不管是多策略组合也罢、单策略也罢,经过几十年的数据考验,组合测试稳定、普适性强、正收益的策略都可以做,这没有对错之分。但是无论怎么组合,想要放大杠杆,又想控制回撤,这是不可能做到的。在统计学上有足够多的样本支持的策略,你就可以做——无论是短周期还是震荡策略都可以做。

问题15:您是否会根据行情或者品种调整策略参数?您始终用一套较为

简单和单一的策略，是否会担心策略失效的问题？

郑石：很多人都是会担心的，但是有句话：人类永恒的愚蠢，就是把莫名其妙的担忧当成了智力超群。**变和不变是永恒的难题，人类最大的教训是不会吸取教训，这是人性决定的，所以我不担心策略失效，因为人性是亘古不变的，尤其是散户居多的市场更放大了人性中贪婪的一面。**

程序化交易利用的就是人性的弱点，期货交易是很残酷的，不像股票市场，投资者是可以跟企业共同成长的；在期货市场，我赚的钱肯定是你亏的钱，所以我还是很相信，人性不变，策略就不会变，当然收益预期可能会降低一点。

问题16：您认为，您赚的是趋势赠予的那一部分钱。请问您是否考虑开发震荡策略，以便和趋势策略形成互补，使得整体账户更加稳定？

郑石：如果我能找到一套普适性很强的、所有品种都适应的、长期测试下来都比较稳定的策略，哪怕收益不高也没关系，比如正收益的震荡策略我肯定也会上的，但是很遗憾，目前还找不到这样的策略。

问题17：您的交易策略只做中长线隔夜趋势，2020年以来期货行情波动巨大，请问您是否考虑开发短线策略进行组合？

郑石：我肯定不拒绝，但也不追求，我刚才说了，任何策略都有它适应的时候和不适应的时候，有长处更有短处，所以不要追求极致、追求完美，如果追求过头了，会产生谬误，模糊的准确比精确的错误更有意义，差不多就行了，这更加符合人性。

问题18：对中长线交易策略而言，用指数合约出信号，映射交易主力合约这样的交易方式会造成实盘和回测有较大的误差，您是如何看待和处理这个问题的？

郑石：这个问题我做过研究和测试，得出的结论是，用指数合约映射主力合约交易的话，绩效要打折，因为指数合约会失真，但实盘效果还在可承受范围内，所以大部分品种我都是指数映射主力交易。但是有些品种偏差很大，比如鸡蛋、苹果，就不能用指数去映射主力交易，直接用主力合约发信号和交易。

问题19：2020年以来大部分程序化交易者获利都不错，也有越来越多的人想学程序化交易。您认为哪些人是比较适合做程序化交易的？对想做程序化交易的交易者，您有什么建议？

郑石：做程序化交易对人的要求还是挺高的，心态平和、脚踏实地的人，我感觉比较适合做程序化。

如果要给新手提建议，首先最要紧的一点是不要对收益有不切实际的高估，不要想着一年赚50%、60%甚至翻倍，要有一个合理的、切合实际的预期，不能高估；其次，**必须要有坚持下去的勇气，坚持很要紧，哪怕一年甚至两年不赚钱，只要在你预期的亏损幅度范围内就要坚持下去，你要相信你的这套策略是经过大量测试的，没有理由不坚持。**

问题20：您身边有不少做程序化交易的朋友，在您看来，这些优秀的程序化交易高手都有哪些共同的特点？

郑石：首先**他们的执行力都很强，非常有主见和定力，不会轻易改变自己的规则，不会人云亦云。**此外，他们善于独立思考，对交易的本质都有很深的认识，程序化交易做得好的人，对事物的本质都有很深的认识，对交易的本质有很深的思考。这几个共性，是程序化做得好的交易者必备的。

问题21：有的人认为，随着做程序化交易的人越来越多，以及市场越来越成熟，未来程序化交易会越来越难赚钱，您是否认同这样的观点？您是如何看待程序化交易的前景的？

郑石：程序化交易大部分是同质化的，绝大部分都是做趋势的，参与者多了，效果肯定会打折扣。但是**我认为程序化永远不会失效，还是那句话，大部分人的人性是经不起任何煎熬的，不要说一两年，一两个月不赚钱，他们就可能不做了。**所以有句话说得好，有人"辞官归故里"，有人"星夜赶科场"。这个市场永远会有波动的，所以不用担心，也许赚钱效果差了，但我们降低一点预期是可以的。

问题22：请您谈谈未来的投资规划和愿景。

毛丑：我永远不期待完美，已习惯一路颠簸，一路向前；很多坚持并非**没有意义**，说心里话，对于未来赚多少钱我们确实也没有很明确的目标，当然能赚更多的钱是最好，谁会嫌钱多呢？未来我们还是会扎根CTA这一块，每个人都有自己的能力圈，我们不会超越自己的能力圈去做一些事情，在能力圈和舒适圈交集的地方，我们会尽量寻找契合点。

问题23：您参与了多个实盘大赛，也都取得了不错的成绩，已经举办十二年的"蓝海密剑"大赛是国内持续时间最长的赛事之一，您在参赛过程中有什么感悟，对"蓝海密剑"大赛有何期许？

毛丑："蓝海密剑"期货实盘大赛在我个人心里是国内期货圈中办得最成功的赛事；在没有这个赛事以前，我单枪匹马进行交易，独睡冷炕，孤单寂寞惆怅；有了这个赛事后，感觉就像是冬天里有了一把火，让我更加充满激情，全力以赴。

娟儿：我的盈利逻辑之一是拿的时间比较久

(2020年7月29日　李晓彤访谈整理)

娟儿

本名杨娟，居于甘肃临夏。2013年开始期货交易，2017年开始参加东航期货举办的"蓝海密剑"中国对冲基金经理公开赛。2019年，娟儿以60.93的超高净值获得第十一届"蓝海密剑"中国对冲基金公开赛年度先锋勋章，并刷新大赛年度收益率历史纪录，荣获"高地军旗手"称号。

精彩观点：

我觉得我的盈利逻辑之一是拿的时间比较久。

我通常都是看技术方面来判断预期收益，不看基本面的东西。

主要是看品种的历史走势，观察当天的收盘价是否利于后期走势，再去判断未来的压力位在哪里。

给投资者的建议就是要严格执行自己的交易系统，严格止损。

进场信号出现后，我一般80%仓位就进去了，如果价格往有利的方向发展，我会加20%仓位甚至浮盈加仓。

我通常参照15分钟K线，再结合80日均线，如果有突破就可以进场；如果做回调，我会在一波上涨之后回调至20日均线附近考虑进场，另外结合周线看底部形态，确认长期盘整后可重点介入。

个人觉得股票的难度比期货大多了。

我认为T+0的交易规则，让风险控制更加主动，只要严格执行自己的交易系统就行了。

问题1：娟儿您好，感谢您在百忙之中和东航期货进行深入对话。请问您是什么时候以什么契机开始接触期货的？

娟儿：我大学读的是金融管理专业，在老师的启蒙下进入证券期货市场。2012年开了股票账户，尝试投资股票；2013年，小试牛刀进入期货市场，不知不觉中，交易期货也有七年时间了。

毕业之后我去了一家证券公司上班，平时同事们就经常在一起聊投资交易相关的话题，这对我形成自己的交易系统非常有帮助。虽然结婚生子之后时间比较紧张，但是我还是经常会和朋友们聊一聊交易，有时候会产生一些新的想法。

问题2：您获得了第十一届"蓝海密剑"中国对冲基金公开赛年度先锋勋章，并以60.93的超高净值刷新大赛年度收益率历史纪录，荣获"高地军旗手"称号。从"蓝海密剑"大赛"蓝色档案"中可以看出，您是2017年初开始参赛，直到2019年，您的账户净值有了爆发式的增长，请问核心原因是什么？有哪些盈利心得可以分享给投资者朋友？

娟儿：因为时间充足吧。2019年那会儿刚好怀孕，老大就让我妈带着，我时间比较多，大多数时间用来盯盘、复盘，所以各方面状态都很不错。

当时的状态就像上班一样，早九晚三，全身心地投入在交易中，及时关注行情的变化，受到杂事的影响比较少，因此交易状态很好。我觉得花大量的时间专注在交易上是非常重要的。当然去年翻了很多倍，确实也是行情比较配合。

问题3：期货市场瞬息万变，每个交易者都有自己的盈利逻辑与基本原则。您在期货交易中的盈利逻辑和遵循的交易原则是什么？

娟儿：**我觉得我的盈利逻辑之一是拿得时间比较久。**我去年拿得最长的一个单子——甲醇，拿了三个多月，虽然这一单没挣钱，但是盈利品种比如铁矿拿得也比较长，有一个多月。二是仓位比较重，可以算是重仓隔夜吧。另外，严格执行我的交易计划——如果这笔单子达到了盈利目标，我就会调仓。当然还有一种情况是临近交割期了，我也会换。

有时候为了保证交易的熟悉度或盘感，我也会进行短线交易，但肯定是快进快出，有盈利就出，不会恋战。

问题4：那盈利目标通常怎么去预设？

娟儿：这主要是看自己的预期收益，**我通常都是看技术方面来判断预期收益，不看基本面的东西。**比如看目前品种的K线形态，主要结合周线，偶尔看一下月线。

问题5：您去年盈利主要在什么期货品种？您如何选择交易的品种，主要考虑什么特性，如何组合？

娟儿：铁矿和棕榈油。我一般就做熟悉的品种，比如豆粕、菜粕、黑色系、化工类。一般不会根据市场热点、资金流向或者上新等因素去做一个品种，通常在市场过热的情况下，追高的可能性比较大。当然，熟悉的品种肯定是基于多年的关注、交易才会形成经验，做起来才比较顺手。个人觉得，选几个品种，集中精力关注就好了。

在交易组合上，我会多品种持仓，不局限于一两个品种。最多的时候，我持仓了8个品种，主要目的是为了分散风险。

问题6：做交易之前，您是否会做盘前计划？盘前计划基于基本面分析还是技术分析？您如何看待两种分析方法之间的关系？

娟儿：也不算是盘前计划吧。因为我一般持有时间比较长，基本上是在前一天复盘的时候关注一下手里的单子，决定第二天怎么应对。

主要是基于技术分析进场，基本面不看。因为基本面涉及的东西比较复杂，个人精力也有限，目前还是靠技术分析来做交易。

问题7：您会做复盘功课吗，通常是什么频率，如何复盘？

娟儿：会的，有时间的话，每天都会复盘。**主要是看品种的历史走势，观察当天的收盘价是否利于后期走势，再去判断未来的压力位在哪里。**如果价格已经到压力位附近，就考虑减仓或者都出掉。

问题8：看您的仓位好像也一直比较重，基本都在80%以上，如此高的仓位，导致回撤有时候也蛮大的，甚至到60%的水平。这种情况下，您是如何做风险控制的，是否严格执行？

娟儿：确实，我的仓位比较大，一般都在80%以上，有时候满仓隔夜也比较多，而且大的回撤可能由于之前的加仓过重。像这种情况，我一般都不管它，如果风险度太高，就稍微减一些仓位。

其实就是硬扛，但前提是我判定走势并没有变坏，没有到我预设的止损位，就坚持。

给投资者的建议就是要严格执行自己的交易系统，严格止损。

我自己的止损都放得比较大。如果在盈利的情况下，就以盈利额为止损点；如果在浮亏的情况下，止损设在50%。

问题9：您如何做资金管理，如何完成建仓，何时加仓、减仓？您是否会考虑浮盈加仓？

娟儿：**进场信号出现后，我一般80%仓位就进去了，如果价格往有利的方向发展，我会加20%仓位甚至浮盈加仓。**2019年60倍的盈利也基本上是因为这种模式吧，不然不可能净值这么高。

问题10：您如何确认自己的入场点，一般看什么样的技术指标？能跟投资者朋友分享吗？

娟儿：比如突破形态，**我通常参照15分钟K线，再结合80日均线，如果有突破就可以进场；如果做回调，我会在一波上涨之后回调至20日均线附近考虑进场，另外结合周线看底部形态，确认长期盘整后可重点介入。**

问题11：您认为您的交易系统成熟了吗，还有哪些要改进的地方？

娟儿：当然没有。交易系统中，对止损这块我也是有些迷茫的，有时候止损不及时，有时候不知道该不该止损，在交易过程中也出现过将止损线不断放大的情况，接下来我可能要花时间在这方面多思考。

问题12：您是如何应对风险事件的呢？比如这次疫情带来的市场大幅波动，您是如何处理交易的呢？

娟儿："黑天鹅"的情况，我一般是没有任何操作，就把它当作一次意外事件，不影响我的交易。

问题13：一般来说，主观交易常会受到外在因素的影响，您是如何克服的，有没有考虑过用程序化来辅助交易计划？

娟儿：程序化这块我还不太了解，不知道具体怎么操作。如果有机会我会考虑学习。

问题14：越来越多的人关注期权在仓位控制、套利策略等方面的机会，您有没有考虑过期权品种？

娟儿：2019年我稍微参与了一下期权，主要是豆粕期权，少量参与铁矿期权。因为期权策略还是比较复杂的，我主要是一边尝试、一边学习，同时看一些理论书籍。从初步尝试的效果来看，还是不错的。之后我还是会多实践，从交易中熟悉期权品种。

问题15：2020年可以说是很不平凡的一年，年初因疫情的爆发，全球经济复苏面临更严峻的考验，有些期货品种的波动也非常剧烈，下半年您看好什么品种？

娟儿：接下来我会多关注一些品种的做多机会，比如化工板块的PTA和甲醇、农产品中的豆粕。主要逻辑是这些品种底部运行的周期已经挺长了，从2019年到现在基本上也没走出大的行情。比如甲醇，我2019年亏了很多，我一直关注也没什么好的机会，想继续跟踪一下。

问题16：2020年金、银等贵金属品种表现的都很"热"，您有没有考虑过相关品种的机会？

娟儿：这种热点我一般不参与，尤其是金银这种不熟悉的，我觉得风险很大，最多做个短线，博取即时收益。

问题17：您在2020年股票市场也有良好的表现，在策略和交易思路上，您觉得股市和期货有何异同？

娟儿：**个人觉得股票的难度比期货大多了**。首先，股票需要关注的方面太多了，比如公司的财务报表、行业发展、市场估值等；其次，选股也是一件很难的事，市场上几千只股票，如何挑选出好的标的，这个门槛也是蛮高的；最后，分析股票，单方面通过技术分析来交易，效果肯定不好，期货还是更纯粹一点，技术分析在一定时期内还是比较有效的。

问题18：近期我们关注到期货圈流行一个表情包——"不做期货拿啥盖房子"，虽然是网友们的戏言，但也在一定程度上体现了期货市场对普通投资者的极强吸引力。您是如何看待这句话的？能谈谈期货盈利之后这半年您的生活或心态有哪些变化吗？

娟儿：期货对于普通投资者的吸引力，就是赚钱快。你看普通人辛辛苦苦累一天好一点赚500元，在期货市场上，你早上一会儿就可以赚到，还可以躺在床上挣。

当然，有些人认为期货风险很大，但**我认为T+0的交易规则让风险控制更加主动，只要严格执行自己的交易系统就行了。**

其实生活方面没有太大变化，主要是家人更理解、更支持我做交易了。

至于心态方面，也没有明显变化。因为这就是期货市场该有的现象和状态。盈利了也有预期，我感觉很正常；亏损了，这个市场本来就是这样，你就得接受——我基本上就是这种心态，所以一直没太大变化。

问题19：目前国内有多种实盘大赛，"蓝海密剑"也是其中之一，您觉得"蓝海密剑"有什么特别之处吗？请谈谈参赛感受，并对我们大赛提一些宝贵的建议或意见。

娟儿：我最早听说"蓝海密剑"是在一个股票交流群里，我就比较好奇，后来下了一个APP。

刚开始我关注也不多，本来只是尝试怎么报名，后来就报上了，也没再理会。直到2019年我听到朋友说"蓝海密剑"有很多期货交易的高手，迷茫的时候可以去看看前排选手的情况，所以我就重点关注了一下，确实高手很多，看到他们的资金曲线也是在回调后不断突破，这给我了很大的信心。

问题20：您对自己未来的交易之路有什么规划，有没有兴趣参与"基金经理计划"？

娟儿：接下来肯定会全职做交易。年初的时候，我状态还可以，相较2019年盈利翻了1.5倍吧。不过后来要照顾孩子，精力被分散，状态就全乱了，操作比较频繁，经常忽略了操作依据。

接下来，我会抽时间再把我的交易系统完善一下，尤其是止损的部分。做基金经理当然会考虑，但可能现在还没那个实力，另外时间、精力上也不太允许。

CTA 精英孵化：敬畏市场，贴近市场

（2020年12月16日　钱灵杰访谈整理）

东航金控财管中心组合投资部管理团队成员：

田童：组合投资部经理

十年证券期货投资经验，复旦大学数学硕士。2009年加入东航金控有限责任公司，历任研发部金融工程分析师、资产管理部投资经理，建立了东航金控旗下组合基金配置体系，擅长对冲交易管理、商品期货策略配置。

范天晖：投资经理

复旦大学财务管理学士，英国帝国理工学院金融工程硕士，2017年加入东航金控有限责任公司，擅长组合投资、量化策略研究。

冯牧：投资经理

中国科学技术大学数理统计博士，2017年加入东航金控有限责任公司，擅长投资组合管理、量化建模。

注："蓝海密剑"中国对冲基金经理公开赛涌现出了很多"元帅"，他们中一部分人的成长与大赛背后的孵化培养制度息息相关。

精彩观点：

2020年以来我们一直在做的两件事：①提升策略数量及质量，保证拿到市场90%以上的策略类型；②增强自身策略配置体系，搭建配置数据平台，提高基本面研究对配置团队的支持力度。

MOM基金基于底层交易，对特定投资领域专业度要求高；FOF基于大类资产配置，对资金体量宏观把握要求高。

最重要的几点：①对市场各类策略逻辑的深刻认识和理解，不盲从于净值曲线，立足策略本身；②对市场敬畏：市场总是对的，贴近市场进行配置。

任何机构和团队都不是看一时的收益，经过挫折后能重新崛起的机构团队更能经得起市场考验。

2020年由于疫情造成的流动性充裕，给了优秀机构获取可观收益的机会。2021年货币政策的溢出效应减低，认为机遇围绕在"需求侧改革"，在期货市场就是对品种的选择需要精细化；货币效应的减少需要更为精准的资金管理，更为灵活的策略配置。

问题1：田经理您好，首先感谢您在百忙之中接受本次采访。长期关注"蓝海密剑"大赛的人都知道，东航金控有几个孵化基金，其中CTA孵化基金作为一个标杆，大家都对它比较感兴趣，您是否能简单介绍一下？

田童：我们旗下组合类产品涵盖多种不同风格的策略。单一类型策略往往面临着波动较大、在不适应行情下持续回撤等问题，但大多数投资者缺乏足够的资金和精力去研究和配置多种策略，我们的组合基金通过对多种相关性低的策略进行配置，在有效降低风险的前提下获得稳定收益。

问题2：您是否能简要介绍一下CTA孵化基金对投资顾问的选择标准？

田童：基于广收策略的思路，我们的标准就比较简单。①策略新，满足我们多样性需求；②策略逻辑立得住。

问题3：对已入选的投资顾问有怎样的考核标准？

田童：我们不设立统一的收益率回撤考核；基于各个策略类别我们会设置不同的考核标准，主要根据当年市场具体表现，不同策略类别分别评估。

问题4：东航金控为"蓝海密剑"的精英选手提供了怎样的基金经理培养计划？可否简单介绍一下？

田童：我们的培养是一体化的，不仅从资金上支持，我们也会在信息交流、后续业务支持等方面提供相应服务。

问题5：我们看到CTA孵化基金相比于其他产品，如CTA精英孵化和种子一号基金回撤较小、收益更稳定，您认为是什么原因？

田童：主要原因还是基于产品定位，孵化基金定位于稳健产品，我们会控制进取型策略的比重，策略配置更多元化，也更偏重量化类策略。

问题6：目前CTA孵化基金的资金分配中各种策略的比例大概是怎样的？

田童：趋势量化类35%左右；基本面策略15%；多元策略30%；特色策略20%。

问题7：您觉得目前CTA孵化基金关于投顾的选择以及不同策略的比例分配是否存在不足，还有哪些可以提高的地方？

田童：2020年以来我们一直在做的两件事：①提升策略数量及质量，保证拿到市场90%以上的策略类型；②增强自身策略配置体系，搭建配置数据平台，提高基本面研究对配置团队的支持力度。

问题8：您认为CTA孵化基金这样的私募基金相较于公募基金的优势在哪里？

田童：两种基金的考核方式不同，我们的重点在绝对收益考核，灵活度要求高，策略更新速度会更快。

问题9：您认为MOM基金与FOF基金相比各自的优劣势分别是什么？

田童：MOM基金基于底层交易，对特定投资领域专业度要求高；FOF基于大类资产配置，对资金体量宏观把握要求高。

问题10：你们的FOF基金表现也很不错，请问FOF基金投资中是如何做好择时与配置的？

田童：我们的FOF也是以期货为特色，基于对商品市场的理解，主要依靠两点：①适当择时模型；②多元化策略配置。

问题11：与公募基金相比，你们的风控体系有哪些不同之处？

田童：不同之处主要在监管要求不同。

问题12：可以简单介绍一下你们的运营团队以及分工吗？

田童：我们组合投资部主要的工作分三块。

①策略逻辑研究：对市面上各个策略梳理分析，建立逻辑；

②策略配置研究：基于市场数据更新配置模型，同时及时有效地切换策略配置；

③私募机构及团队的投资管理，广泛吸纳新策略，充实策略库。

问题13：针对CTA孵化基金，您和团队是否考虑过增加股票、债券等资产的配置？

田童：我们一直有配置股票，商品基金是我们配置的阿尔法，股票是我们寻求的贝塔。

问题14：您是否有考虑增加一定比例的外盘投顾？

田童：主要考虑到目前投资渠道不畅通，暂时不会配置。

问题15：CTA孵化基金成立六年来，是否遇到过瓶颈，您和团队又是如何调整、克服的？

田童：2017—2018年度期货市场投资结构发生变化，策略存在不适应市场等情况，我们通过梳理研究体系，对策略库大量换血，启用新的策略，提高策略更新速度，把配置研究提升到中心地位，以市场为锚，顺应市场特征切换策略。

问题16：组合管理过程中获得超额收益的策略有哪些？可以给我们简单分享一下吗？

田童：最重要的几点：①对市场各类策略逻辑的深刻认识和理解，不盲从于净值曲线，立足策略本身；②对市场敬畏：市场总是对的，贴近市场进行配置。

问题17：根据您的经验看，刚崭露头角的新投顾相对于资历较深的投顾是否有更亮眼的表现，或是资历较深的投顾有更好的风控体系？

田童：没有定论，但有一点：**任何机构和团队都不是看一时的收益，经过挫折后能重新崛起的机构团队更能经得起市场考验**。新的机构和团队不断涌出，给市场带来活力，我们为所有新兴机构和团队提供机会，给他们充足的时间来证明策略的持续生命力。

问题18：您认为如果MOM基金想要一直运行下去并且有不错的表现，最重要的方面是什么？

田童：①保持学习的状态，不断更新自身知识体系；②对市场保持敏锐度；③保持谦虚谨慎的做事态度。

问题19：2020年全球疫情使世界经济受到不小的冲击，同时美国大选等一系列外部不稳定因素也对国际环境造成一定影响。我们身处百年未有的大变局之中。展望2021年，您认为经济环境会出现怎样的变化，机遇又在哪里？

田童：2020年由于疫情造成的流动性充裕，给了优秀机构获取可观收益的机会，2021年货币政策的溢出效应减低，机遇围绕在"需求侧改革"，在期货市场就是对品种的选择需要精细化；货币效应的减少需要更为精准的资金管理，更为灵活的策略配置。

问题20：近期CTA孵化基金累计盈利破亿，年很可能晋升"元帅"，在获得大赛最高荣誉后，是否会有一些调整计划以寻求更大的突破？

田童：向市场学习，继续努力，追求稳定的绝对收益，力求为投资者赚取更多回报。

问题21：非常感谢您接受本次采访，最后，能否根据您丰富的投资经验给广大期货以及基金投资者一些实用的建议呢？

田童：①注重资金管理；②按计划交易；③提升认知水准。

羲然投资：先不要追求收益率，要追求确定性

(2020年12月25日　翁建平访谈整理)

郑时孚

大连羲然投资总经理，大连理工大学系统工程博士，有着近20年的股票投资经历，近10年连续盈利；期货投资经历8年，保持平均年化近30%的优异成绩。擅长利用量化分析与基本面相结合的综合分析法进行全市场、多品种套利交易，以此实现分散风险，发现市场价格波动中出现的无风险套利空间。操作风格稳健，善于控制风险，业绩回撤小，尤其善于基本面分析与研究，每年会多次亲自前往产区开展全面调研，对于商品期货定价有深入研究。曾获第十一届"蓝海密剑"中国对冲基金公开赛晋衔奖，"上校"头衔。

精彩观点：

我们所定义的套利更多是指同品种或相关性极强的品种的对冲。

套利的风险本身会体现在方向性的风险，就是任何套利价差最后都是方向性决定的。

如果一次下了很重的仓位，翻了三四倍，那只能说这次概率赢了，如果还在市场里，时间长了概率优势一定会降低，因为投资风险和收益最后跟概率的结果是相关的，你不管怎么做，胜率基本到最后会稳定到一个区间内。

如果交易次数多、交易时间长，那么考虑问题的时候风险跟收益一定是非常匹配的。

事前风控如果做得足够好的话，事后风控的次数就会变少。

当品种足够多的话，面临的风险就比较小，风险易分散。

在分散的前提下，单一头寸面临的盈亏就会变小。

实际上市场上并不存在无风险的套利空间，真正的无风险叫相对无风险。

所有的期权交易里面卖权的胜率肯定是最高的。

你无法通过数浪和技术分析得到一个相对确定的结果，也得不到一个相对确定的边界。

当你追求收益低，确定性就提高；当你追求收益高，确定性就降低。所以说你得追求低收益、确定性高的这条路，即先不要追求收益率，应先追求确定性——有收益率当然更好。

逆势投资者的前提是做有底线的投资者，就是做有边界的投资者，必须找到边界才能逆势。

从我的思维结构来讲，能获得50%的收益几乎是很完美的一年，对我最重要的是收益跟回撤的比例。

问题1： 郑总您好，感谢您在百忙之中与东航金融、七禾网进行深入对话，贵公司主要做套利交易，您如何看待这种交易方式？跟其他交易方式有哪些不同点？

郑时孚： 市场上对套利的认知不太一样，套利是对冲的一种形式，有别于单边，对冲本身就是为了降低风险。实际上对冲的大类里有很多不同的方式，比如说做股票的阿尔法中性、强弱品种的对冲、相关品种的价差和对冲，这些实际上都是对冲风险的方式，但是**我们所定义的套利更多是指同品种或相关性极强的品种的对冲**。比如说对不同月份的同一合约我们做多做空，最后达成某一价差的交易，这个风险相对其他方式风险更低，对整个净值波动能起到很好的控制作用。

问题2：套利交易的风险相对较低，但还是存在风险的，就您看来套利一般有哪些风险，投资者应如何防范和应对套利的风险？

郑时孚：套利实际上也是有风险的，这种风险要存在于两个方面。

第一，**套利的风险本身会体现在方向性的风险，就是任何套利价差最后都是方向性决定的**，比如说现在近月是强势还是弱势会决定价差的扩大和收缩。

第二，价差本身的季节性，不同的月份不同品种在不同季节的供需是不一样的，所以说它有一个习惯性的价差区间，比如说鸡蛋，7月—8月期间是准备中秋节的一个上涨的行情，因为每年到天热了以后，鸡的产蛋量降低，供给减少，价格总是涨的。

第三，还有一种就是市场本身是一个升水或者贴水结构，那是怎么造成的？如果是库存比较高的话，近月压制比较强，以PTA为例，长期以来高库存远月都是贴水的，总是一个正向的结构，实际上是库存和产量的叠加造成正向升水的结构。

这些要素结合起来，形成套利的一个固有结构，结构清楚了以后才能把套利的风险控制住，才知道整个套利的边界点在什么位置。

问题3：在您多年的交易生涯中，有没有碰到过一些让您印象深刻的风险事件？

郑时孚：实际上我们每天都遇到风险事件，不只是一件两件，因为我们现在是多品种交易，看的头寸可能上百个，持有的头寸一般十几个，在一个月内，头寸都会有一些风险的波动。

最近一年来，我们整体回撤越来越小，基本控制在1%上下，最多2%。之前我们策略少的时候，会有一些风险事件，比如苹果上市的第二年，大家都理解苹果第一年上市是一个升水结构，因为库存是有成本的，到后期价格肯定是越来越高，但是2019年三月、四月整个苹果的升贴水结构发生了逆转，从十月后至2020年一月、三月原来都是升水，后来整个预期变差，变成一个贴水结构，因为预期三月、五月可能情况会很糟，就产生了风险。这是我们按照以往刻板的认知造成的一个风险，后来我们对这类头寸重新定义仓位，这是反套的一个风险事件，在后期的交易里我们就基本避免了这种风险。

问题4：您是一位低风险投资者，您如何看待风险和收益的关系？

郑时孚：**如果交易次数多、交易时间长，那么考虑问题的时候，风险跟收益一定是非常匹配的。**比如，我们交易20年，一个月的交易次数是上千次，20年来会交易几万次或者十几万次。从概率上能够获得稳定的收益，实际上是因为交易次数达到这个数量，胜率也达到一个稳定的数量才会有这样稳定的收益，而这个收益实际上是概率的收益。**如果一次下了很重的仓位，翻了三四倍，那只能说这次概率赢了，如果还在市场里，时间长了概率优势一定会降低，因为投资风险和收益最后跟概率的结果是相关的，你不管怎么做，胜率基本到最后会稳定到一个区间内，**尤其是交易次数足够多的时候，风险和收益实际上是特别对等的一个结果，像我们一般每年都追求30%以上收益，实际上我们经常会获得50%的收益，但是如果时间拉长来讲，30%～40%就是很好的长期收益的结果。

问题5：这个市场中，也有很多投资者通过重仓交易获得了暴利，甚至有些成了财富神话，对此您怎么看？

郑时孚：如果这个投资者今天交易完了以后就不做了，或者说他隔了很久很久才做一次，那么也许他胜率真的很高，胜率可能达到了十次胜九次，那他是可以几次都翻一番的，但是**他这次获得了暴利，下次势必继续重仓，他的行为轨迹会重复，从概率上他每次都能获得暴利肯定是不行的，因为概率的结果就是整个市场会得到一个平均的收益，他不会每次都暴利，暴利一次，下次就是暴亏，**因此从平均结果来看，他最终的结果可能并不理想。很多高手都说不会让自己的子女或者亲戚朋好友来做交易，实际上因为他们心里觉得暴利从概率上无法持续，子女或亲戚朋友来了以后，会面临着暴亏的痛苦。那么反过来讲，如果是个低风险交易者，用多策略达到一个稳定的结果，是愿意叫亲戚朋友都来的。他会跟大家分享策略，然后得到一个稳定的收益，为什么不让亲戚朋友来呢？每个人的性格不一样，必须找到一个适合自己的模式。

问题6：据了解，贵公司在控制风险的时候，主要采取事前风控，请问这样做的原因是什么？事前会采取哪些方法提前做好风控？

郑时孚：做风控，无外乎做事前风控和事后风控，事后风控就是止损，也很简单。**事前风控如果做得足够好的话，事后风控的次数就会变少。**

事前风控的核心点只有两个：

第一，分散：**当你品种足够多的话，面临的风险就比较小，风险达到分散。**

第二，**在分散的前提下，单一头寸面临的盈亏就会变小。**我们现在单一头寸有时候亏损在0.2%~0.5%，从概率上来讲十几个头寸在随机波动，根据我们的统计，至少有55%~60%是获得正向收益的，我每一个都是0.2%~0.5%的亏损率，最后组合出来的结果就很少会亏损1%，这是因为事前足够分散才达成这么一个结果。但反过来讲，足够分散也阻碍了收益率继续提高，有时候收益率可能看起来真的不够高，（每个月）有时候4%——我觉得很好——5%觉得也很好，但有时候就1%。这种防守性也使我们进攻性降低，我们期待长期站在概率的正面角度来做风控。

问题7：您也接触过市场中很多套利交易高手，从他们身上主要学到了哪些知识？

郑时孚：套利的人确实接触了很多，实际上套利是按风险来分的，风险最高的类型就是市场上长期、有名气的选手。以前听说过"鸡蛋碰石头"，就是农产品跟钢铁宏观对冲，黑色系和农产品的宏观对冲就是跨品种的宏观对冲。

还有一类就是吃升贴水的宏观对冲，贴水的就买，升水的就卖，就是更宏观、更大类的对冲。这种头寸他们不会下很多，因为套利对的波动范围是非常大的。

另外还有一类是跨品种对冲，即相关性比较强的品种对冲，比如说豆粕、菜粕、卷螺、豆油、菜油，这种对冲实际上对基本面的要求也是很高的，基本面上研究两个品种的供需变化，才能知道它们短期/长期变化的可能。

最后一类，跨期的相关性极强的品种来做套利，这是多品种的分散，包括我们也做期权，通过多品种分散获得一个稳定的收益，所以说我们这种方式对团队的要求更高，对多品种的分散要求更高。

问题8：那请问，要如何发现市场价格波动中出现的无风险套利空间？如何制定和执行套利方案？

郑时孚：**实际上市场上并不存在无风险的套利空间，真正的无风险叫相对无风险**，就是从概率上来说你若有95%的胜率，实际上就更应该准备意外情况的发生，比如说期权经常会出现不同价位的买权同价的情况，这个情况套利确实是无风险的，但是真正市场上纯无风险的套利很难找到 举个之前大家都做的例子，像原油的价差正套，以前仓储费比较低，也是2020年三四月发生的事，仓储费原来大家理解可能是价差在7元左右，后来因为国外原油进口的仓储压力，最后交易所调整翻了一倍，价差实际上到了14元左右，变成一个无风险空间。那么原来的无风险也变成有风险。事件发生的概率是多大？实际上市场上也有90%的可能性发生异常事件超越无风险的事件，你要做什么样的准备？首先头寸得控制好，然后对超越的可能性事前要做评估。我知道市场上很多套利者仓位放在4月。因为原油波动导致了比较大的亏损，所以应该充分地分散风险，充分地研究和准备。

问题9：在贵公司的套利体系中，多空两边是不是一定要绝对"套牢"，还是说也允许做有关联度的对冲？

郑时孚：**我们原则上是一定要绝对的套牢，关联度的对冲实际上得看两个品种的真正相关性研究**，即这两个品种的真正基本面的关系是不是关联度极高，实际上我们做的过程中有特殊情况，基本上是会涉及交割的阶段，如果我们对交割库和现货的情况很有把握，那么我们愿意拿近交割月去接货或者抛货，只有这种情况下，我们会做一些单边的交易。

问题10：贵公司主要做基本面套利和程序化套利，二者分别需要注意什么？

郑时孚：刚才说无风险套利的时候，重点说了这个问题。**首先要知道基本面套利的边界点在什么地方，做正套还是跨品种套或是做普通季节性的差别套。** 从基本面来讲总有个边界，这个边界大概范围是什么样，应该有一个清楚的认识。至于程序化套利，有点像来回做夹板价差，高抛低吸来回做，有些品种是适合来回做套利，有时候还要拼速度，要降低滑点，实际上程序化市场争夺比基本面更激烈。

问题11：在品种选择上，套利交易主要选择哪些品种，为什么？

郑时孚：**选择品种主要取决于我们基本面研究的水平到什么程度。** 基本面研究水平到位的话，我们做的品种就多，比如我们刚开始交易的时候做农产品多，因为我们经常会去做一些调研；黑色系，我们研究上还有一点基础，也会做得多一些；化工2020年波动也比较大，我们逐步也会调研化工品种，现在头寸也在增加；有色相对就会做得少一些，这也是因为我们调研水平和研究水平在有色方向跟进得不太够；股指我们做了很多年，对股指的价差期权等比较熟悉，因为股指的特点跟其他品种是不一样的，没有一个准确的基本面，但是流动性是足够的，每个期权上都有足够的价格，这样也可以衍生出很多策略。

问题12：近段时间来看，哪些品种存在一定的套利空间？

郑时孚：首先说农产品，**油脂油料可能相对会高一些，都是贴水结构，另外苹果、鸡蛋都是升水结构**，实际上我们更愿意做一些正套，因为安全性更高。简单来说，像鸡蛋买近抛远，苹果在合适的位置买近抛远，我觉得还是会有一定的机会。黑色系波动是非常大的，整体来讲钢厂的利润是非常低的，因为铁矿的上涨，从长周期来看利润会有回升的机会，多铁矿的利润在合适的时间去做，应该是一个机会。

问题13：近一两年，各大交易所都在推出各种期权品种，贵公司主要做了哪些期权品种，采用什么样的策略？

郑时孚：**所有的期权交易里面，卖权的胜率肯定是最高的**，因此参加期货大赛做卖权的交易者会多一些，因为胜率高，但是卖权的问题是会出现超预期的情况，比如说最近像铁矿、动力煤这种超预期的涨幅，卖权意味着很大的风险。这种情况需要用买权来对冲风险，根据现在的波动率情况去平衡卖权，可以买近月卖远月，但一般来讲倾向于买远月来平衡盈亏水平；但是还有一个特殊情况，如你预期整个市场的波动率会上升，在很低的情况下也可以做双买的策略，像前期铁矿在平衡的位置，包括最近一段时间股指的波动率做双买，波动率收益也有很大的提升。

问题14：您表示一切的核心是找到标的的边界，请问该如何理解边界？

郑时孚：边界有几类，一个是基本面的边界，**基本面的边界往往有仓储成本、利息成本，这种所谓正套的边界，还包括季节的供需差造成的边界，包括现在库存的情况影响造成的边界。**还有另外一类就是所谓统计的边界，历史到什么样的情况需要参考过往的数据，有些人经常会用价差来考虑问题，而我们经常会用比值来考虑问题，就是因为比值对边界的标识可能更准确一点，所以结合基本面和统计面才是综合界定边界的一个过程。

问题15：一笔单子进场后，持仓时间的长短主要依据哪些方面来判断？平均来看，一笔单子持仓多长时间？

郑时孚：如果是期权的确有时间的影响，因为有到期日，所以卖权的到期日会比较有优势，但是普通的期货单子持仓长短有时候就很难界定了，一般来讲是波动，当然我们做波动是希望它往我们有利的方向波动，**有足够的盈利，我们就平仓，有时候持仓是一天，有时是一个月**。另外根据你对基本面研究的情况和水平来做判断，比如说你整个交易是接近交割的，那你对交割的强弱和方向要很清晰的认识，如果没有很清晰的认识，到交割近月一旦发生很大的波动，原来价差会超越你预想的那些边界。

问题16：在之前的采访中，您曾建议投资者不要走数浪或者技术分析这条路，请问为什么？

郑时孚：因为这不是一条路。数浪和技术分析是辅助手段，**你无法通过数浪和技术分析得到一个相对确定的结果，也得不到一个相对确定的边界，**用这种方式找不到确定性，都是不同的结果，这个结果过一段时间分析可能又得到一个不同的结果，因此确定性会变得比较低。当然我不否定数浪，我原来也看过很多讲艾略特波浪理论的书，我知道数浪有它的准确性和逻辑，但是必须得分很多品种，每个品种都做，比如月线、日线、小时线，每个时间结构都做，这样形成一个很分散的头寸，数浪的胜率可能是60%，但是必须得通过100个品种或者几十个品种来分散得到这个胜率。

问题17：那您觉得投资者走什么样的路会比较好？

郑时孚：投资这条路很难走，我以前也做过很长时间的股票，实际上也很难盈利。后来发现一条低风险的路，有专门研究低风险这条路的，比如说A类基金、可转债等，普通的股票、期货做单边投资有时候都没有一个准确的确定性。**当你追求收益低，确定性就提高；当你追求收益高，确定性就降低；所以说你得追求低收益、确定性高的这条路，即先不要追求收益率，应先追求确定性——**有收益率当然更好。

问题18：您善于基本面分析与研究，一般您会研究哪些方面？

郑时孚：基本面的研究还是很复杂的，跟我们套利相关的有库存的情况、季节情况、交割供需情况、整个宏观的供需格局等，比如前段时间所有品种都涨，在这种特殊的环境下，要基于这种背景去做价差的研究，那跟以往的稳定环境又是不同的背景。

问题19：您经常出去调研，2020年都调研了哪些品种？调研的结果能否分享一下？

郑时孚：2020年因为疫情，调研的比较少，基本上远程调研比较多，近期会去做一个生猪的调研，等调研回来再分享吧。

问题20：您给自己的定义是逆势投资者，那什么样的投资者适合逆势投资？什么样的投资者适合趋势投资？

郑时孚：**逆势投资者的前提是做有底线的投资者，就是做有边界的投资者，必须找到边界才能逆势。**亏损总是有边界的，找不到边界，逆了以后会更惨，因为逆势往往会被套住。反过来讲，顺势投资者往往是技术面为主，逆势投资者可能是偏基本面为主，因为基本面才能得到一个边界，通过趋势是无法得到一个边界的，所以说趋势往往是跟随者，这是基本面和技术面之争。我有很多朋友做得很好,他们以程序化为主,通过程序来跟很多趋势,这样分散得足够,也会得到一个很好的结果。要是普通投资者只跟少数几个趋势,那就容易出大问题。

问题21:贵公司获得第十一届"蓝海密剑"中国对冲基金公开赛晋衔奖,您对这样的成绩是否满意?您觉得"蓝海密剑"跟其他大赛有哪些不同?

郑时孚:"蓝海密剑"的优点是净值算的比较准确,尤其期权净值计算可能相对比较复杂,对它的计算比较满意,成绩我也很满意,为什么呢?因为我们成绩是稳定低回撤的收益,我不可能在参赛者中排第一第二,有二三倍的收益**从我的思维结构来讲,能获得50%的收益几乎是很完美的一年,对于我最重要的是收益跟回撤的比例**,比如说收益30%,回撤如果未来能够稳定地控制在1%~2%——这就是20倍或者15倍的收益回撤比,就是我们追求的理想目标了。我也希望未来比赛中专门用收益回撤比的参数来比较谁的业绩更稳定,光是夏普指数并不一定能完全衡量优势及胜负,因为投资者最在乎风险有多大、收益有多大,所以这两个参数实际上是稳健型投资者最在乎的参数指标。

卢鹏程：不要对抗价格趋势　聚焦标的本质驱动

（2020年12月28日　李烨访谈整理）

卢鹏程

温州人，现居苏州，就职于苏州开元集团期货部。2012年进入期货市场，主做黑色系品种和苹果，主观判断，盘面验证。获第十一届"蓝海密剑"中国对冲基金公开赛晋衔奖"大校"衔级以及"少校"衔级。

精彩观点：

黑色系产业链长，可交易品种较多，流通性大，交易对手比较多，整个市场也比较透明，研究好了抓住一波牛市能挣大钱。

我认为这波铁矿石上涨主要由以下三点因素构成：第一，钢材消费逆季节性走强；第二，2020年钢铁行业供给侧改革接近尾声；第三，也是铁矿石这波上涨的核心启动逻辑，那就是国外的钢材产能和需求恢复到了疫情前的正常水平。

市场预计2021年我国生铁产量至少还有3%的增长空间，如果没有特殊因素干扰，2020年因为疫情导致国外缺失的钢铁产量2021年也会恢复，初步估算2021年铁矿石需求增量在1亿吨左右。

作为最大的供需两方，中澳其实是相互制约的，澳大利亚手里的铁矿石王牌是一把双刃剑，能伤害对手也会重创自己。

对铁矿来说，我认为2021年基本上可以排除政策扰动带来的"黑天鹅"事件，从供需关系来分析2021年的行情走势可能会更客观一些。

对（焦炭）后市，我的观点是在2021年春节前如果铁水产量没有出现大幅下降的情况，那么焦炭只能做多头配置，毕竟后面还有一个冬储逻辑在，钢厂为了保障春节期间的正常生产会做高原料库存。

2021年整体对煤焦的定性是，从目前的紧平衡状态恢复成供需两旺的水平。

后期如果螺纹价格跌破成本，钢厂可以考虑把铁水流向板材端，减少螺纹产量，增加热卷产量。

2020年受疫情影响，整个库存周期较往年整体滞后一个月，同样留给冬季期间库存累积的时间少了一个月，我认为2021年春节后（螺纹）库存积累水平会比同期低不少。

拿目前4250的05合约对比4450的华东地区一线螺纹，个人建议冬储的贸易商在盘面接近钢厂生产成本时做多05合约可能会更好一些。

我觉得随着传统淡季的来临，黑色系可能会从12月的期现共振快速拉涨变成慢牛走势，呈现震荡向上的格局。

实际供需相对预期大反转，交割偏空是2020年苹果下跌的两条主线。

顺势的简单理解就是不要对抗价格趋势，但更重要的是要识别、捕捉、跟踪自己熟悉且擅长的驱动引发的价格趋势。

不管是主观基本面交易还是技术分析捕捉价格趋势，如果出现患得患失的状态，那就说明这是你看不懂、不擅长的行情，缩量或者退出为好。

"熟悉"让你有能力评估是否有趋势，"大机会"让你坚定趋势的方向和空间，不容易出现患得患失的状态。

问题1：卢鹏程先生您好，感谢您在百忙之中与七禾网、东航金融进行深入对话。在专职期货交易之前，您曾是一名期货经纪人，应该见到的大部分客户都是亏损的，在这种情况下，您为什么还会选择进入这个市场？

卢鹏程：我做业务的时候，绝大部分个人客户确实是亏钱的，但是做套利的机构客户特别是内外套利的客户收益都很不错。市场肯定遵循二八法则，长期来看专业、有优势的投资者能获取收益即可。我不擅长业务，内心也一直希望将投资当作长期的工作来做，自然而然就逐渐开始做交易了。

问题2：纵观您的期货投资生涯，没有出现过大起大落的情况，用一个字概括就是"稳"。请问您树立了怎样的理念和心态，才得以保持这般稳定？

卢鹏程：我一直想将投资当作长期的工作来做，自我简单规划了工作计划，策略类型从无敞口到低敞口再过渡到高敞口。前面几年做的都是比较简单、低风险的套利策略，所以波动不大。这几年的自我定位是：在大部分品种上，我相对市场并无明显优势，所以大部分时间处于低仓位操作状态，经常出现大机会赚小钱的结果。目前这种表观的稳定是我主动降低仓位的结果。

问题3：您主要交易黑色，选择该系列品种进行重点配置的原因是什么？您对黑色系品种的研究体系和研究逻辑是怎样的？

卢鹏程：**黑色系产业链长，可交易品种较多，流通性大，交易对手比较多**，上到矿山，下到钢厂，中间还有宏观资金、投资公司等，**整个市场也比较透明，研究好了抓住一波牛市能挣大钱。**

个人研究体系以基本面为主。自下而上，**从微观角度研究供需格局，给研究品种短期定性到底是紧还是松；再从宏观角度给整个商品中期走势定空间和高度；最后再结合资金定仓位和止损空间以及如何进行加减仓等。**

问题4：近期，黑色系品种春意正浓，尤其铁矿更是气势如虹，一举成为市场的新焦点，您觉得铁矿出现这波行情的主要原因是什么？有观点认为，铁矿石这波暴涨与某些巨头刻意控制矿石发运量有关，您对此怎么看？

卢鹏程：我认为这波铁矿石上涨主要由以下三点因素构成：

第一，钢材消费逆季节性走强。 早前市场预计的拉尼娜现象带来的冷冬预期被证伪，地产赶工期叠加制造业复苏、因2020年初疫情导致的海外需求大于供给，大量需求转向中国，国内钢厂出口订单一度出现排产至2—3月，这些情况使得截至12月末钢材库存依旧维持小幅下降趋势，而往年在12月初就会开始累库，超预期的钢材需求给钢厂在传统淡季带来了可观的利润，高额的钢厂利润再次给盘整两个月的铁矿石打开了向上的空间。

第二，2020年钢铁行业供给侧改革接近尾声。 钢厂大气污染排放在前两年不断的改进下基本上都已经达标，冬季环保限产对于钢厂生产带来的干扰在不断减弱。同时2020年下半年也是钢厂置换产能集中投产的时间节点，旺盛的钢材需求带来了全年同比接近8.6%的生铁产量，折合铁矿石大概需要多进口1亿吨。我国2020年1—11月进口铁矿石增量刚好在1.08亿吨，两者是匹配上的。**市场预计2021年我国生铁产量至少还有3%的增长空间，截至2020年10月，国外钢铁产量已经超过去年同期水平。所以如果没有特殊因素干扰，2020年因为疫情导致国外缺失的钢铁产量2021年也会恢复，初步估算2021年铁矿石需求增量在1亿吨左右。** 旺盛的需求预期使得业内人士一致看好2021年的矿价。

第三，也是铁矿石这波上涨的核心启动逻辑，那就是国外的钢材产能和需求恢复到了疫情前的正常水平。 10月以来，国外粗钢产量已经超过2019年同期水平，所以10月后有些观点认为矿山在控制铁矿石发运量。实际上是因为国外钢厂恢复生产后，矿山把发中国的船数减少了一部分，增加了发往国外的船数，再加上本身10月就是矿山常规检修的时间段，所以一来一去两周后大家发现市场上铁矿石到货量开始急剧减少。港口铁矿石库存也从11月初开始由连续累库变成连续去库。值得一提的还有美元2020年下半年的持续贬值，使得以美元定价的大宗商品包括铁矿石再次迎来一波大牛市。

问题5：中澳贸易局势日益紧张，而中国有70%的铁矿石进口量来自澳大利亚，如果目前的形势加剧，铁矿石是否会迎来"黑天鹅"行情，您对其后市怎么看？

卢鹏程：铁矿石和煤炭是澳大利亚出口排名第一和第二的品种。以已经禁止进口的澳洲煤炭为例，我国煤炭资源比较丰富，实际上对进口煤炭的依赖度较低，只有7%。10年以前，中国炼焦煤进口主要来自澳大利亚，比例在65%左右。2010年以后，进口渠道逐步多元化，截至2019年，蒙古国已经变成中国最大的焦煤进口国。初步估算整个澳煤对国内需求占比只有3%~4%左右，可以说限制澳煤进口并没有对国内焦化企业生产带来非常严重的影响。目前国家在加大除澳煤外其他国家煤炭的进口量，如蒙古国、加拿大、印尼、俄罗斯等国，让有渠道的国企牵头，保障国内企业正常经营需求。

但铁矿不同，我国铁矿资源并不丰富，而且以低品铁矿占多数，生产成本较高，高度依赖进口，整个铁矿石进口量占了全球铁矿石贸易量的70%，其中又有70%的铁矿石来自澳大利亚。所以**作为最大的供需两方，中澳其实是相互制约的，澳大利亚手里的铁矿石王牌是一把双刃剑，能伤害对手也会重创自己。**而且我认为超高的生产利润不会让澳大利亚政府做出两败俱伤的举动。**对铁矿来说，我认为2021年基本上可以排除政策扰动带来的"黑天鹅"事件，从供需关系来分析2021年的行情走势可能会更客观一些。**

问题6：从您账户的品种盈亏及持仓偏好来看，焦炭是您比较得心应手的一个品种。在供需两旺的背景下，焦炭第十轮提涨陆续落地，市场情绪十分积极，在您看来，焦炭价格上涨的主要驱动力是什么？您对其后市怎么看？

卢鹏程：我觉得焦炭2020年10月以后的上涨就是整个焦化行业去产能带来的行业红利，类似于2017年的钢铁去产能，可以给生产企业长期维持一个超额利润。10月以后，各地陆续出台落实淘汰4.3米以下焦炉政策，并且严格执行产能置换任务，先拆后建，且新上的大焦炉生产工艺复杂，投产周期较长，预计到2021年2—3月后大批新上焦炉才能正常生产。从目前的焦化厂库存也能看出生产压力较大，库存仅剩2020年初1/4的水平，全年的生铁产量又比较高，同比有着8.5%的增量，所以长期的供需错配是这波焦炭上涨的主要驱动。**对后市，我的观点是在2021年春节前如果铁水产量没有出现大幅下降的情况，那么焦炭只能当做多头配置，毕竟后面还有一个冬储逻辑在，钢厂为了保障春节期间的正常生产会做高原料库存。**

问题7：2020年以来，煤矿安全事故频发，进一步加剧了市场对煤炭供应偏紧的预期，同时需求端又受焦炭市场火爆影响，煤炭价格也始终保持在高位。展望2021年，您觉得煤炭市场是否会延续这种火热的状态？

卢鹏程：2020年市场普遍感觉煤炭资源供应偏紧，主要还是因为蒙古国因疫情、大雪封路使得通关车数目前只有不到正常一半的数量，再加上禁止澳煤进口等一系列因素影响。拉长周期来看，这种不可抗力带来的非硬性供应端缺口会逐步减弱，同样2021年大焦炉陆续投产后需求端也会得到一定的增长。**2021年整体对煤焦的定性是，从目前的紧平衡状态恢复成供需两旺的水平。**

问题8：随着天气转冷，室外施工逐步暂停，国内螺纹需求进入淡季，市场预计下周螺纹库存或将转入累库阶段，有投资者表示，做空螺纹的机会已经来临，您对此怎么看？

卢鹏程：从生产成本端考虑，目前05合约4250的价格已经接近部分钢厂建材的生产成本。对钢厂来说，制造业需求受季节性影响较弱，海外制造业需求复苏，目前部分有渠道的钢厂接的冷轧出口订单火爆，**后期如果螺纹价格跌破成本，钢厂可以考虑把铁水流向板材端，减少螺纹产量，增加热卷产量。2020**年受疫情影响，整个库存周期较往年整体滞后一个月，同样留给冬季期间库存累积的时间少了一个月，我认为2021年春节后库存积累水平会比同期低不少。目前已经接近传统贸易商冬储的时间节点，**就拿目前4250的05合约对比4450的华东地区一线螺纹，个人建议冬储的贸易商在盘面接近钢厂生产成本时做多05合约可能会更好一些。**做空的话，更多的是赌疫情爆发或者是一些"黑天鹅"事件带来的利空。

问题9：临近年末，各地环保限产工作逐渐推进，加上春节前的停工停产陆续开启，黑色系商品逐渐步入传统淡季。针对目前依然旺盛的需求，市场对黑色系后期的价格走势也出现了分歧。在您看来，随着传统淡季的临近，黑色系的牛市行情能否延续？

卢鹏程：我觉得随着传统淡季的来临，黑色系可能会从12月的期现共振快速拉涨变成慢牛走势，呈现震荡向上的格局。

问题10：您对苹果也青睐有加，且在该品种上收益颇丰。2020年以来，苹果期价大涨大跌，曾一度被炒至9700元/吨的高点，但之后却快速下跌，即使反弹也是昙花一现，目前更是创下年内新低，这背后的逻辑是什么？有哪些风险点需要注意？

卢鹏程：苹果涨至9700元/吨是因为当时预期减产，且做多资金有点类似2018年的味道。后期随着苹果下树、入库，真实的情况是局部减产，但实际全国小幅增产且入库量达到1135万吨，为近几年最高入库量。供需上从预期减产到实际增仓且高入库，盘面价格自然大幅下跌。

2020年另一条主线是交割相对往年偏松，交割库在熊市里积极参与了套保、交割。即使中间有几次插曲，但交割结算价贴近现货是另一条主线。**实际供需相对预期大反转，交割偏空是2020年苹果下跌的两条主线。**

问题11：您的账户涉及40余个品种，您以人工主观的方式同时关注这么多品种，是否会存在精力不足的问题？

卢鹏程：肯定会精力不足，但是不熟的品种我都不会上量，做了不熟的品种会更尊重当下市场合力的表现，所以大部分交易的品种其实对我账户的整体盈亏影响不大，更多的是一种标记、跟踪、学习型的头寸。

问题12：我们注意到，在您交易的品种中，有一部分品种处于小赚小亏的状态，您是否会考虑将它们从交易范围内剔除？同时，是否会增加在焦炭、苹果上的仓位，为什么？

卢鹏程：交易员需要通过交易，对比市场波动和反馈出来的逻辑进行学习，因此学习型的头寸不可避免。学习型头寸注意低量，紧风控即可。

问题13：在期货市场中，顺势非常重要，您所理解的趋势是怎样的？在不同强弱的多空市场里，我们具体应如何做到顺势？

卢鹏程：通常说的趋势指价格趋势，即价格在一段时间内往一个方向连续波动。但是价格产生趋势的驱动是多种的，如市场一致预期炒作某一概念、日内的大户平仓引发的短线跟单甚至是局部的操纵市场。

顺势的简单理解就是不要对抗价格趋势，但更重要的是要识别、捕捉、跟踪自己熟悉且擅长的驱动引发的价格趋势。我更喜欢标的的本质驱动，比如商品产消不匹配引发供需偏离导致的趋势；临近交割时交割品供需有大偏离所导致的趋势等。

问题14：很多做趋势的投资者在交易中经常会出现想赢又怕输的心态，最后通常是做对了方向却没有赚到多少钱，您觉得抓好趋势的关键是什么？

卢鹏程：不管是主观基本面交易还是技术分析捕捉价格趋势，如果出现患得患失的状态，那就说明这是你看不懂、不擅长的行情，缩量或者退出为好。

主观基本面交易抓趋势的关键是，只在熟悉且有相对优势的品种上上量，等待发生供需偏离大且价格调节失效的大机会。**"熟悉"让你有能力评估是否有趋势，"大机会"让你坚定趋势的方向和空间，不容易出现患得患失的状态。**

问题15：您是主观交易者，一般来说主观交易容易被心态或其他外在因素所影响，您在交易不顺时如何快速调整心态？

卢鹏程：调侃几句恢复最快，亏损是交易过程中无法避免的，控制幅度和平常心对待就好。

问题16：您如何看待目前盛行的程序化交易？您觉得与程序化相比，您的优势在哪里，又存在哪些劣势？

卢鹏程：并不了解程序化的具体思路，我觉得程序化交易当中的类型划分也多种多样。我觉得主观基本面的优势可能是知道赚的是标的本质驱动的钱，赚得更淡然和真实，劣势就是太依赖自身的能力圈范围和范围内的机会大小，初期不宜多品种，应顺其自然，循序渐进。程序化初期更易复制策略和上量。

问题17：在如今的期货市场中，投资者的水平进步很快，投资者结构也在发生变化，越来越多的专业投资者和机构投资者进入了这个市场，在这样的环境下，您觉得期货交易会不会越来越难做？

卢鹏程：往回看永远是去年的钱更好赚。市场参与者的水平越来越高，市场定价可能越来越有效，机会给的时间窗口会变小。不过我现有的规模并没有受这种市场生态变化的强烈影响，在自己的"一亩三分田"里还是能获得一定的收益。

问题18：目前国内实盘大赛众多，"蓝海密剑"也是其中之一。您觉得"蓝海密剑"有什么特别之处吗？在比赛中，有人追求"一战成名"，也有人将其当作一场"马拉松"，您如何看待比赛？

卢鹏程：我觉得相对其他比赛，"蓝海密剑"比赛的味道要弱一点，是一个很好的交流平台，可以保留长期业绩的历史数据。大家大多也不会为了取得好名次而去使用一些比赛的技巧。我很喜欢"蓝海密剑"体现的这种弱比赛、重交流的风格。

陈灏翔：复杂问题简单化，简单问题数字化，数字问题程序化

(2020年12月25日　傅旭鹏访谈整理)

陈灏翔

英国曼彻斯特大学商学院管理学与市场营销学学士，商业项目管理学硕士。

专注于量化CTA中长期趋势跟踪领域，致力于家族财富管理，现居广州。

自2015年进入量化交易领域，2018年获得资管网第二届交易大师实盘大赛巡洋舰量化组第三名，2019年、2020年多个账户在"蓝海密剑"实盘大赛中获得"中将"等军衔，个人实盘展示账户累计盈利超过6000万元。

精彩观点：

期货市场是一个相对比较成熟也提供了各种方式控制风险的市场，同时也会给予我们很多机会，让我们能够做到在充分保护本金的情况下获得稳定盈利。

对期货市场而言，价格波动的本质在于商品的供需关系，供需关系出现错配的时候，就会形成价格的波动。

量化交易只是其中的一种交易方式，我觉得它的优势是可以把抽象化的一些逻辑概念、想法具象化、数字化，并且可以做到相对标准化，然后通过定量的计算给出一个参照原则，由此来制定交易规则，用程序按照规则执行，避免了一些人性的弱点，可以做到复杂问题简单化，简单问题数字化，数字问题程序化。

我最深刻的认知就是要敬畏市场、顺应市场，根据市场来交易，而不是根据自己的想法来交易。

中国的期货市场在世界范围内可能是最适合做我们这个策略的，所以我们的策略在国内会相对比较有优势一点。

我认为做量化交易本身就是在跟概率打交道，最后的结果都在我们最初预设的各种可能性之中，在预期范围之内，心态上就没有太大的变化；不适应的时候，也算是一种修心。

我们是专注于做量化CTA中长期趋势跟踪这一块的，所以我们的策略底层逻辑其实都是来自同一个树根，只是在一些个性化的部分会根据实际的风险承受力以及对收益的期望去设计。

根本需求在于需要多个品种来分散风险，这时候品种一定是越多越好，这样风险能够分散、盈利能够叠加，这也是我们做全品种的一个很重要的原因。

我们的策略是长期以来测算所得出的结果，不会根据短期的个别行为去随意改动，从长期结果上来讲，如果这个市场的结构已经发生了一些变化，我觉得调整是有必要的，但是在结构没有发生根本性改变的时候，那我会继续践行原有的策略。

每个策略有适应期和不适应期,它是一个周期性的轮动,所以说既然选择了这个策略,我们就会长期进行下去,毕竟这些结果都是我们能够预想得到的、能接受的。

问题1:陈先生您好,感谢您与七禾网、东航金融进行深入对话。您是1993年出生的,在期货市场中相对来说年纪较轻,但是您在期货市场上盈利总和已经超过6000万元,请问您是如何看待自己的人生财富的?您认为您能在期货市场上盈利丰厚的关键原因是什么?

陈灏翔:我认为人生财富是一个大的话题,我还年轻,很多地方还需要向这个市场的一些前辈们学习,我认为自己还是需要提升的。

关于盈利,我浅谈一下自己的拙见。有这么一个成绩,首先我得感谢这个市场,感谢我们国家提供了这么好的市场,给予我们投资的机会;其次也要感谢我的父母,他们作为投资人,对我工作很支持;还有就是感谢我们的团队,这是靠大家共同努力做出来的成果。

这些盈利我更愿意理解为是我们为投资人所创造的一种价值。至于人生财富,我的观点是,我能够为这个市场创造多大的价值,市场也会给予我相应的回报。所以我认为我们在期货市场上能够盈利的关键,是我们会把为相信和选择我们的投资人创造价值作为我们的初心来进入这个市场,至于回报,那就是市场给我们的。

问题2:您表示喜欢观察生活中的各种现象并思考其本质,请问您认为期货市场的本质是什么,量化交易的本质又是什么?

陈灏翔:我谈谈我个人的理解,并不代表我理解的就一定是本质。其实大部分人只要谈到期货市场,都认为它是一个高收益但是同时也是高风险的市场。在我看来,**期货市场是一个相对比较成熟也提供了各种方式控制风险的市场,同时也会给予我们很多机会,让我们能够做到在充分保护本金的情况下获得稳定盈利。**

对期货市场而言,价格波动的本质在于商品的供需关系,供需关系出现错配的时候,就会形成价格的波动,这是我所理解的期货市场。

我认为期货市场是很有包容性的，会给予进入市场的人充分的自由度来发挥，会包容各种各样的交易方式以及交易策略。**量化交易只是其中的一种交易方式，我觉得它的优势是可以把抽象化的一些逻辑概念、想法具象化、数字化**，并且可以做到相对标准化，然后通过定量的计算给出一个参照原则，由此来制定交易规则，用程序按照规则执行，避免了一些人性的弱点，可以做到复杂问题简单化，简单问题数字化，数字问题程序化。

问题3：据我们了解，您的交易团队从2012年开始搭建，至今这8年时间中，您的交易理念、交易方法有过哪些变化？

陈灏翔：从交易理念上来说，**我最深刻的认知就是要敬畏市场、顺应市场，要根据市场来交易，而不是根据自己的想法来交易。**

我们团队是2012年开始搭建的，在前三年我们是根据我父亲过往的期货经验以一些主观策略交易为主，但是三年时间下来，始终没有办法做到稳定盈利，资金规模也不敢上去，各种人性的弱点也没办法克服。所以在2015年的时候我们就转到量化的方式上，希望通过这个方式来做家族财富管理，当下来讲，中国家族财富的传承问题我觉得还是比较值得关注的。

在交易上，我们团队结合一些年轻的"新鲜血液"对程序化技术的理解，加上老一辈对某些现货和期货的经验，在2018年下半年的时候开始做到稳定盈利，一直到今天。

问题4：据您介绍，您的父亲从改革开放初期就开始从事有色金属和钢材等大宗商品的现货贸易了，并在锌锭市场做到了华南地区的龙头，也曾参与过最早的螺纹钢期货标准化合约的制定，担任过做市商。请问您的父亲做现货贸易的经验对您做量化交易有哪些影响和帮助？

陈灏翔：我认为最大的影响就是从小的潜移默化，以及作为我的一个引路人。我小时候基本上我们家的电脑每天都是文华财经的界面，父亲每天都会看盘面，然后会让我给他报价，他也会给我分析行情，所以很小的时候我就已经开始接触期货了，也了解一些基本的交易方法。我的父亲可以说是我们国家第一批期货人，他能够成功走出来，并且能够存活到现在，我认为他对这个市场的本质一定是有所理解的，这个理解给予我在量化交易上一个新的量化维度，这种经验是我们年轻一辈缺少的，所以我认为这对我们来说是最大的帮助。

问题5：我们了解到，2014—2018年您在英国留学深造，主要学习的是管理学，请问您在英国留学时所学到的知识对做量化交易带来了哪些影响和帮助？

陈灏翔：我在英国的时候，本科修的是管理学和市场营销学，属于商科类的专业，在我看来，金融、商科以及经济学都是密不可分的，其中有很多思维是可以互相迁移的，所以我的学习经历中的一些东西可以迁移到交易上面去。比如说，就市场营销学而言，其实也是根据人性总结而出现的一门学科或者一个知识体系，交易市场的本质也就是人性的博弈，所以我认为这些知识对于人性的认知、分析以及对我做交易是有帮助的。

问题6：就您在英国留学的经历和体验来看，国外量化投资的发展和成熟度和国内相比有哪些优势？

陈灏翔：我们做的是量化CTA，趋势跟踪，这些策略最早是源自国外的，所以说其实人家是祖师爷了，我们是在这个基础上去发展壮大的。

据我了解，国外市场的机构投资者占比比国内高，无疑它们更加成熟。但是近年来，我国期货市场发展非常迅速，而且提供了多种多样的品种，也有很好的活跃度，这对做我们这种策略来说是非常好的。可以这么说，**中国的期货市场在世界范围内可能是最适合做我们这个策略的，所以我们的策略在国内会相对比较有优势一点。**

问题7：您在七禾网实战排行榜展示的"掘金量化"等账户，大部分自2020年5月到10月都没有交易，请问其中的主要原因是什么？后来又是基于什么原因重新恢复了交易？

陈灏翔：在这个市场当中，每一套策略都有适应期和不适应期，我会根据策略的特点来选择最适应它的时间进行交易。我所看重的是复利。对于短期的收益率来讲，我认为能够做到年化20%以上的收益，每一次进入市场的时候能够保证本金安全，那长期以来的复利就是一种暴利的行为。

宏锡投资的刘总曾说：在看不懂行情的时候，其实空仓也是一种风控。

我非常认同这个观点，有一句话说：会买的是徒弟，会卖的是师傅。我的理解是，能等待的就是祖师爷，所以我也是根据这种理念来进行交易的。

问题8：您的"掘金量化"账户，从2019年初到2020年初资金曲线经历了一波持续一年的横盘和回撤期，请问您是如何度过漫长的横盘和回撤期的，在这个过程中心理上是否出现过一些变化？

陈灏翔：我的策略是一种用时间换取空间的策略，也可以理解为用小部分的交易成本来换取更大机会的策略，当风险在控制范围之内的时候，我是愿意承担小部分的风险去等待这么一个机会的。我刚刚也说过，每个策略都有它相对的适应期和不适应期，在不适应的周期里，风险是能够控制的，忍耐是为了等待后面的机会。2020年年初新冠肺炎疫情爆发的时候，策略对波动率的捕捉就很好地发挥出来了。

至于心理，**我认为做量化交易本身就是在跟概率打交道，最后的结果都是在最初预设的各种可能性之中的，在预期范围之内，心态上也就没有太大的变化；不适应的时候，算是一种修心。**"宠辱不惊，看庭前花开花落；去留无意，望天上云卷云舒"，这也是我们修心的一个目标，我是朝这个方向在做的。

问题9：请问您目前实盘一共有几套交易策略，每一套策略的主要特点分别是什么？这些实盘交易策略是如何形成的？

陈灏翔：根据风险承受能力的不同，有5~10套大的策略，如果要再细分的话就很多了。**我是专注于做量化CTA中长期趋势跟踪这一块的，所以策略底层逻辑其实都是来自同一个树根，只是在一些个性化的部分，会根据实际的风险承受力以及对收益的期望去设计。**

做趋势跟踪策略，底层逻辑都是以一些经典的均线或者通道策略变化而来的，所以在这一块其实大家没有太多的不同。

量化交易的研发过程大致相似，首先你会根据对这个市场的理解以及你想要的东西产生一个想法，然后构建你的策略，之后做回测和数据测算，用模拟进行分析和验证，最后再上实盘。至于品种选择以及资金管理，我认为各人有各自的道，品种选择重点在于要匹配自己的策略，根据自己的需求、策略的特点来进行匹配。量化交易最好的一个特点就在于它能够把风险量化出来，我们一定是根据自己的风险承受力来量化资金管理模式。

问题10：就您看来，一个程序化交易策略需要达到哪些条件、经过哪些步骤才有可能被您纳入实盘策略中？

陈灏翔：主要是两个方面，第一，用来做程序化的数据客观性是非常重要的；第二，整个过程一定要达到逻辑一致性，哪怕你能构建出一套数据上客观并且也是可行的策略，但在执行过程当中，你个人的人性没有办法克服，那么这个策略对你而言也是没有办法用好的，所以我认为的逻辑一致性就跟知行合一是一样的，能想得到，能做出来，最重要的是能够做得到。

问题11：您在选品种上有什么讲究，是根据策略的回测数据还是活跃的品种都可以交易？

陈灏翔：基本上是全品种覆盖的，只要是波动性和流动性足够的品种，基本上都会纳入我们的策略当中去，当然也会进行回测，跟我们的策略匹配。

问题12：对于不同的期货品种，您的仓位和资金是如何分配的？今年白银、橡胶、铁矿石等品种的行情波动很大，您有没有重点配置这些品种？

陈灏翔：仓位基本上是平均分配的，因为我们做量化的是不预测行情的，都是对过去很长时间的一段历史数据来做回测，虽然每一年都会有不同的品种出现一些特别的行情，但是既然回测是长时间得到的结果，那就不会以短时间内的一个特殊表现作为改变策略的标准，这不符合刚刚所说的逻辑一致性，所以我们是不预测行情的，根据策略来交易。

问题13：您的策略是全品种交易，而有些程序化交易者可能会专门针对某个品种去开发策略，请问您对程序化策略的普适性怎么看？

陈灏翔：其实做程序化的策略有很多，我们做的趋势跟踪只是程序化策略的一种，对这种策略而言，普适性是非常重要的。

关于品种的选择，就如我刚刚提到的，各人有各自的道，重点是要清楚自己想要的是什么，要什么就做什么。比如**根本需求在于需要多个品种来分散风险，那在这个时候品种一定是越多越好，这样风险能够分散、盈利能够叠加**，这也是我做全品种的一个很重要的原因。

如果说某些策略能够对某些品种的一些特性进行捕捉，只专注于做一个品种的策略我觉得也是完全没有问题的，但这不是我的方向。

问题14：在选择品种方面，有的人认为，在不同时期应该精选部分品种来交易，而不是全品种覆盖式地交易，对此您怎么看？

陈灏翔：刚刚也提到，还是要根据自己的需求来。对我而言，因为是家族财富管理这方向，对资金容量的要求是比较高的，也有对本金风险控制的要求，这样全品种覆盖更符合需求。

问题15：有些了解基本面的程序化交易者近期重点配置了黑色系品种，因此取得了不错的成绩。您对于用基本面选品种、用程序化做交易这样的交易方式怎么看？

陈灏翔：基本面不是我的强项，但是如果在基本面上能够有一套自己长期稳定盈利的体系，我认为这一定是一个很优秀的方法。我之前提到过，这个市场是很有包容性的，所以它一定是欢迎每一种策略存在的，只不过对我而言，在基本面方面没有太多的研究，所以还是会根据目前量化的方式来做。

问题16：有些程序化交易者会定期调整策略和参数，您是否会根据行情或者策略的表现定期调整或更换策略？

陈灏翔：我也会定期检测策略，但是如果要做调整，就会非常谨慎。**策略是长期以来测算所得出的结果，不会根据短期的个别行为去随意改动，从长期结果上来讲，如果这个市场的结构已经发生了一些变化，我觉得调整是有必要的；但结构没有发生根本性改变的时候，我会继续践行原先的策略。**

问题17：对中长线交易策略而言，用指数合约出信号映射交易主力合约的交易方式，会造成实盘和回测有较大的误差，您是如何看待和处理这个问题的？

陈灏翔：这个问题的确存在，例如在鸡蛋、苹果这些品种上比较明显，但是我基本上是做全品种覆盖的策略，容量是非常大的，其实分到这些品种上面的资金并不是特别多，只要是长期做，这个问题是能够包容下来的。

问题18：您是做日线级别的中长线隔夜趋势，2020年以来期货行情波动巨大，请问您是否考虑开发短线策略进行组合？

陈灏翔：在这个市场，我们获得的收益是根据承担的风险换来的，我的能力圈在做长线趋势跟踪这一块，能够承担的风险也就是这个策略所能承担的风险。

行情按形态来分的话，无非就是震荡、横盘和趋势。如果市场长期横盘了，那这个市场存在的意义也不大了，我们就拿震荡和趋势来作讨论。如果做长线趋势策略的同时也拥有一个做短线震荡的策略，那等于说这个市场对于我们来讲全都是机会了，也没有所谓的风险了，这不太符合常识。

对我而言，还是专注做好能力圈范围内的事情比较好。宏锡投资的刘总也说过，要把一件事情做到专业化，要有做螺丝钉的精神，不要太浮躁，专心做好一个方向，这也是我所认同的一种理念。

问题19：前两三年大周期的程序化交易策略普遍出现了较大幅度的回撤，并且随着市场的专业度越来越高，有些人认为在未来，大周期的、逻辑简单的交易策略将越来越难赚钱，对此您怎么看？

陈灏翔：市场的专业度、成熟度越来越高的话，策略的收益下降是必然的，这我们必须承认。如果说到策略失效，首先我的理解是策略是去承担了这个市场中某一种风险，程序化趋势策略所做的就是反人性的事，所承担的风险就是一些顺人性策略带来的风险。如果说策略失效了，那得有一个策略去承担这一部分风险，当这个策略还在适应期的时候，我认为策略失效的可能性是不大的，只是说它的收益不会有原来那么好而已。

每个策略有适应期和不适应期，它是一个周期性的轮动，所以说既然选择了这个策略，我就会长期进行下去，毕竟这些结果都是能够预想得到的、能接受的。

问题20：您表示，您赚的是市场相对无效时人性被放大形成的趋势的钱，请问您是否考虑开发震荡策略与趋势策略形成互补，使得整体账户更加稳定？

陈灏翔：我还是专注于能力圈范围以内的事，让整个账户更加稳定的方式有很多种，不一定要用震荡策略的方式来做到，我会在我能力圈范围以内找到适合自己的方法来做这件事。

问题21：您有一个观点：大部分人看到的期货市场都是高风险、高收益，而我认知到的期货市场反而是一个相对成熟的、提供了各种控制风险方式的，并且可以在充分保护本金的前提下做到稳定盈利的市场，请您详细阐述一下这个观点。

陈灏翔：我觉得需要从这个市场的一些特别的机制来说明，期货市场有两个特点：一是保证金交易，二是双向交易——可以多头交易，也可以空头交易，这两个特点就给了市场上很多不同策略空间。

从保证金交易的角度来讲，你的总体资金不是全部进入到市场了，而是只付保证金就能进入，这对你整体资产的风控无疑又加了一层风控。

从交易方向来讲，期货可以做多也可以做空，那就可以配置一些像全品种CTA策略一样的策略，这样风险是可以做到对冲的；不像国内的股票市场只能做多头，在行情不好的时候，如果你要交易，就只能承受风险了；期货市场是能够给予我们一些控制风险的空间的。

对程序化策略而言，它的风险是可以相抵的，但是盈利是叠加的，所以高收益成分是存在的。

问题22：2020年以来期货市场波动明显加剧，机会增加的同时潜在的风险也加大，您对这样的行情有什么感受？在交易策略上是否会做出相应的调整？

陈灏翔：我的趋势跟踪策略本身就是欢迎大波动的，它就是应对大波动的一种策略，如果市场波动加剧，对我的策略来讲是利多的，我会继续践行我的策略。

问题23：受到疫情的影响，有不少交易者认为大波动行情将会延续较长的时间，对此您怎么看？您认为这对程序化交易而言是否是一个难得的机会，程序化交易者应该如何调整自己的交易策略，以抓住这样的行情机会？

陈灏翔：我们做量化的对于基本面没有办法去预测，所以是不做预测的。但是如果大波动是延续的，这个波动适合我们这种策略周期的话，就会践行我们的策略。但对于其他策略来讲，如果这种波动不是在策略本身的适应周期里面的话，那我觉得需要有一个应对的方式。

至于说是否调整，在于策略构建时有没有预想到某种情况的出现，应对机制是什么。如果策略里面没有这样的应对机制，那这种情况对你来说就是一个"黑天鹅"了，应对"黑天鹅"就是脱离原来策略体系以外的未知数；但如果策略本身能包容的话，我觉得就是在意料之内而已。

问题24：据我们了解，您参加了"蓝海密剑"等多个实盘大赛，请问您参加这些实盘大赛的初衷是什么？

陈灏翔：我是以管理自有资金为主的，所以更多时候把精力都用在策略的构建上。这些大赛提供的平台都是业内比较专业的平台，我希望跟国内的各路高手有一个交流的机会，同时也让这个市场去检验自己的水平。今天我很荣幸能接受你们的专访，对我来说是一剂"强心针"，也是一种认可。

问题25：在您所了解的做量化的高手中，哪几位给您留下的印象最深？您从他们身上获得了哪些经验和启发？

陈灏翔：这个市场上面高手确实挺多的，对于这些高手所提到的一些有价值的观点，我们也在不断地反思，如果要一个一个说肯定说不完，我就简要列举几个。

第一位是理发师章位福老师，他是比较早进入这个市场的，并且是用全品种CTA策略交易的一位投资者。我初期就看到他的一些观点，了解了他的一些个人经历，对我来说，最大的启发在于他的个人经历。他并没有很强大的金融背景或者一些耀眼的学历，但他依然能够做得比较成功，我觉得这跟他自我学习和成长的能力、研究事物本质并且嫁接到不同载体上的能力是息息相关的，所以这对初期走量化道路的我而言，是一剂有效的"强心针"。

第二位就是宏锡投资的刘总，据我了解，在国内做量化CTA这一块，广东相对来说做得并不如浙江、上海这些有代表性的地方，刘总能专注做这件事十多年，并且构建了一个本土的团队，做到现在，做到这样的成绩，我觉得是非常优秀的。他的一些观点对我也很有启发，我刚刚也提到了，第一就是要专注做一件事情，并且不能浮躁，要有一个时时刻刻做好螺丝钉的心态，我觉得这是在这条路上能够走得长远的一个很重要的基础。第二个是他所提到的空仓：在看不懂行情的时候空仓也是一种风控，这个理念对我来说启发也是很大的。

第三位是山量投资的徐佳佳老师,据我了解,他在CTA这一块也是做了很长的时间,现在的资金规模跟最初比翻了好多倍,他能在这个市场经历这么长时间的考验,存活到现在,并且还践行了他的交易方式,我觉得他的韧性是非常值得学习的,这是我未来要努力的一个方向。

最后一位是张希海老师,张老师提示的最重要的一点就是对心性方面的修炼,因为这个市场包容性特别强,其中会有很多不同的声音,有一些不同的策略。能否专注于自己的策略,在于对外界的喧嚣、噪音是怎么样理解的,所以需要持续学习、经常反思。繁荣都是在静悄悄当中进行的,灾难是在大吵大闹中降临的。受他的启发,我对自己的心性进行修炼。

问题26:请谈谈您个人未来的投资规划。以及团队的发展愿景和规划,是否会往资管的方向发展?

陈灏翔:不管是我个人还是团队,都是以做好长期的准备来做事情的。我前面也提到了,我们的方向是家族财富管理这一块,在当今的中国社会,我觉得家族财富的传承问题应该是一个比较受关注的问题。我的父辈们更多是以积攒财富这样一个维度来进行思考和发展的,我们这一代,更多的是关于资本如何再壮大、再发展的思考,所以说做好家族财富管理是我们要努力的一个方向,我们会选择适合自己发展方向的所有工具或方式来成长。

至于资管方向,只要能够为我们的资金投资人获取最大价值,我们就会采取不同的交易方式,这些我们都是了解过的,但暂时来讲,因为自有资金的缘故,更多以个人账户的形式来发展,这是比较适合我们的。

问题27:已经举办十二年的"蓝海密剑"大赛是国内持续时间最长的赛事之一,您在参赛过程中有什么感悟?对"蓝海密剑"大赛有何期许?

陈灏翔:首先很感谢"蓝海密剑"为我们提供了与各位高手交流、学习的平台以及接受市场检验的机会。"蓝海密剑"是一个很专业的平台,对各种期货交易策略都非常了解与熟悉,评判和展示标准也很客观;同时大赛的方式也有助于选出各大策略的优秀投顾,为市场更高效地创造价值。希望"蓝海密剑"能够继续发展,为各路期货人提供更大的交流学习平台,为市场挑选出更多好的投顾,让更多资金创造价值。

第十二届"蓝海密剑"中国对冲基金公开赛
奖 项 公 告

年度先锋勋章

年度前六				
年度净值排名	资产账号	选手	当年净值(元)	奖金(元)
1	873****	五星红旗	117.80	60000
2	15581****	冰影投资	41.77	5000
3	870****	爆仓了	29.01	40000
4	1301030****	日行一善	25.27	3000
5	1086360****	吉如资产	19.54	2000
6	870****	拜师	18.64	10000

年度各军种前三

基金组				
年度净值排名	资产账号	选手	单位净值(元)	奖金(元)
1	21329****	夺冠-毗卢那那	3.99	500
2	2286880****	小丹尼(善行投资)	3.31	300
3	1358877****	赚点旅游费	3.12	200

集团军				
年度净值排名	资产账号	选手	单位净值(元)	奖金(元)
1	1303310****	张弛有道	6.93	500
2	1071161****	融葵投资	5.00	300
3	13910260****	闲逸	4.99	200

导弹部队				
年度净值排名	资产账号	选手	单位净值(元)	奖金(元)
1	11699****	哲升趋势	7.72	500
2	851****	Son of Mr H	4.83	3000
3	1608028****	土土	3.80	200

续表

\multicolumn{5}{c}{空　军}

年度净值排名	资产账号	选手	单位净值(元)	奖金(元)
1	877****	静和	11.06	5000
2	883****	选手0038367	4.64	3000
3	213****	华丰	4.48	200

海　军

年度净值排名	资产账号	选手	单位净值(元)	奖金(元)
1	870****	白昼流星-生生基金	4.95	5000
2	76501****	小说人生	4.89	300
3	1230****	破茧成蝶12	4.79	200

陆　军

年度净值排名	资产账号	选手	单位净值(元)	奖金(元)
1	872****	自强不息	16.32	5000
2	877****	Slice	14.89	3000
3	8191****	元博投资易元6	11.89	200

预备役

年度净值排名	资产账号	选手	单位净值(元)	奖金(元)
1	7890016****	昆仑	8.65	500
2	876****	坚持平庸	8.09	3000
3	873****	京华倦客	7.12	200

远征军

年度净值排名	资产账号	选手	单位净值(元)	奖金(元)
1	2000****	润隆趋势	1.90	5000
2	DHJG****	金鑫期货	1.61	3000
3	2100****	我爱腾讯	1.41	2000

机枪手

年度净值排名	资产账号	选手	单位净值(元)	奖金(元)
1	600****	蓝色经典	2.72	5000
2	877****	老狼	2.49	3000
3	858****	结构理论insight	2.20	2000

高地军旗手

资产账号	选手	奖项说明	记录值	奖金(元)
873****	五星红旗	打破年收益率纪录	11780.00%	10000

晋衔奖

【功绩荣誉—仁勇元帅】累计盈利:3亿元(含)以上

资产账号	选手	累计盈利额(元)
871****	"安宁"专户	462509754.9
880****	种子一号基金	411746383.5
851****	山量投资 freezegogo	359073637.3

【元帅】累计盈利:1亿元(含)以上

资产账号	选手	累计盈利额(元)	历史最高军衔	第十二届军衔	晋衔奖金(元)
880****	CTA精英孵化基金	168507880.6	五星上将	元帅	—
880****	CTA孵化基金	131281322.3	五星上将	元帅	—
851****	天-地	108477872.4	上将	元帅	300000

【将级军衔】累计盈利:1000万元(含)~1亿元

资产账号	选手	累计盈利额(元)	历史最高军衔	第十二届军衔	晋衔奖金(元)
2286880****	小丹尼(善行投资)	93793561.79	上将	五星上将	10000
880****	种子二号基金	85699229.93	中将	五星上将	—
1133940****	依依东望	84415525.44	中将	五星上将	20000
2101101****	流氓兔二号	64438083.4	上将	五星上将	10000
858****	老火鸡	58192190.3	大校	五星上将	270000
21329****	夺冠-毗卢那那	56030515.09	士兵	五星上将	30000
2079900****	"trader20"专户	54945109.06	上将	五星上将	10000
171003****	德胜2号	48997570.29	士兵	上将	20000
1358877****	赚点旅游费	40037850.31	大校	上将	17000
858****	一心向东	31034851.9	中将	上将	100000
1669919****	aaaaaa	26855981.41	士兵	中将	10000
1298310****	康宝亮资产肆号	26810454.58	大校	中将	7000
1303310****	张弛有道	26716882	少将	中将	5000

续表

资产账号	选手	累计盈利额（元）	历史最高军衔	第十二届军衔	晋衔奖金（元）
15810565****	掘金量化10号	25950246.46	上校	中将	8000
1263033****	过王飞扬	22743330.07	少将	中将	5000
17611599****	顺然复利一号	22640133.07	士兵	中将	10000
0093Y****	张弛有道88	19992696.58	士兵	少将	5000
1071161****	融葵投资	19823452.68	士兵	少将	5000
19612****	九阳神功	19691555.59	士兵	少将	5000
13910260****	闲逸	18763729.67	士兵	少将	5000
1359120****	溪芮	18714328.08	大校	少将	2000
871****	单杀任意队友	17067534.11	上校	少将	30000
20593000****	与取投资	16818257.27	大校	少将	2000
277****	童话	16501376.41	大校	少将	2000
20586009****	多空	16349715.73	士兵	少将	5000
110799****	王者之剑16681545	16321751.56	士兵	少将	5000
1608028****	土土	15533174.96	中校	少将	4000
75900****	掘金量化2号	15279060.64	上校	少将	3000
877****	静和	14531031.44	士兵	少将	50000
1071160****	融悟1号	14222358.77	少校	少将	4500
15661****	合益	13720507.62	士兵	少将	5000
1359120****	摩羯	13447204.1	大校	少将	2000
6056000002****	天厦量化投资	13274040.97	少将	少将	4500
2193575****	一只小蜜蜂666	13128640.18	大校	少将	2000
528003****	雷神	12879805.2	少校	少将	4500
1298401****	康宝亮资产贰号	12707115.92	中校	少将	4000
11699****	哲升趋势	12462489.27	少校	少将	4500
75900****	掘金量化3号	12172411.27	少校	少将	4500
18780****	交易为生	11686269.05	少校	少将	4500
75900****	琅琊榜	11551005.78	士兵	少将	5000
6066112020****	顺道交易	11482950.89	士兵	少将	5000
181196****	TGR国联	11222805.27	少校	少将	4500
881****	量化精选一期	11211208.81	士兵	少将	50000
851****	Son of Mr H	11191092.62	上校	少将	30000
181300****	芷瀚六号	11162524.45	大校	少将	2000

续表

资产账号	选手	累计盈利额（元）	历史最高军衔	第十二届军衔	晋衔奖金（元）
711****	陈杰cj	11099181.59	大校	少将	20000
1370370****	黄建中	11000443.73	大校	少将	2000
123520****	德莱斯勒	10725529.14	士兵	少将	5000
880****	中国黑色金属1号	10494742.77	大校	少将	—
13910120****	让子弹飞-KY	10092891.98	大校	少将	2000

【校级军衔】累计盈利：100万元(含)~1000万元

资产账号	选手	累计盈利额（元）	历史最高军衔	第十二届军衔	晋衔奖金（元）
102012****	掘金感恩量化	9918528.55	士兵	大校	3000
76307****	火龙果	9904569.25	上校	大校	1000
529070****	京华龙稳健3号	9892136.69	上校	大校	1000
1261****	海桑资管团队	9770876.51	士兵	大校	3000
223****	577	9759796.31	士兵	大校	3000
15581****	冰影投资	9706140.79	士兵	大校	3000
20588000****	宝盈7号	9674026.33	少校	大校	2500
17080901****	清阳1号	9346916.75	中校	大校	2000
880****	CTA山量1号	9254185.16	中校	大校	20000
158000007****	澹泊宁靖	9021576.75	士兵	大校	3000
876****	odyssey	8935359.94	上校	大校	10000
1298501****	瑞兰8号	8875110.92	士兵	大校	3000
89370****	fans2	8274328.67	少校	大校	2500
108000****	长量大志	8129805.47	士兵	大校	3000
1365121****	长量立诚	8034844.77	士兵	大校	3000
876****	七年一个亿	7945870.77	上校	大校	10000
7890080****	四明侠客	7851751.22	士兵	大校	3000
20588100****	宝盈8号	7507126.55	少校	大校	2500
1298121****	海通合肥NO.1	7487754.69	士兵	大校	3000
2281180****	行为资本	7474942.03	上校	大校	1000
861****	受伤的小鱼	7237703.06	上校	大校	10000
20588100****	毛主席说我真丑	7073844.25	上校	大校	1000
102012****	海浪一号(2)	7049166.76	士兵	大校	3000
6066170020****	赚点生活费	7036825.64	中校	大校	2000

续表

资产账号	选手	累计盈利额（元）	历史最高军衔	第十二届军衔	晋衔奖金（元）
102008****	羲然投资	6911329.15	上校	大校	1000
18566606****	远澜雪松	6869430.31	上校	大校	1000
1361612****	旭冕好奇未来	6850537.52	士兵	大校	3000
858****	固利资产:趋势为王	6778891.17	上校	大校	10000
15810565****	掘金量化11号	6585179.81	少校	大校	2500
260****	海港	6477889.45	中校	大校	2000
529070****	京华龙传承1号	6288816.45	士兵	大校	3000
20588000****	宝盈1号	6105256.56	少校	大校	2500
213****	影歌	6027605.83	上校	大校	1000
529070****	京华龙稳健5号	5965269.24	士兵	大校	3000
2281180****	长量资本2号	5963926.57	少校	大校	2500
1192790****	八捌8	5950534.32	士兵	大校	3000
2201027****	五声之变	5926061.85	士兵	大校	3000
1107560****	赚辆买菜车	5669606.28	士兵	大校	3000
101220****	掘金真诚量化	5594855.04	士兵	大校	3000
75900****	掘金量化1号	5528072.45	上校	大校	1000
1358879****	盘前计划3	5489406.78	士兵	大校	3000
101260****	海浪一号	5482006.29	士兵	大校	3000
198180****	喜鹊套利一号	5409841.04	士兵	大校	3000
218801080****	无畏的先驱者	5377021.38	士兵	大校	3000
2071030****	黑8	5275056.99	士兵	大校	3000
1359021****	深圳小斑马1号	5269437.56	士兵	大校	3000
13910398****	宝盈5号	5235153.18	中校	大校	2000
20588000****	大阳公馆	5118330.22	少校	大校	2500
2286880****	易持稳健一号	5105759.48	士兵	大校	3000
177800222****	gold16	5092947.99	中校	大校	2000
22398****	瑞兰9号	5092511.53	士兵	大校	3000
1071660****	乐珂稳健2号	5086759.4	士兵	大校	3000
18781****	瑞兰3号	5032787.93	士兵	大校	3000
20588100****	鼋石正富	5016494.15	士兵	大校	3000
22398****	锦海1号	4979057.99	士兵	大校	2000
883****	选手0038367	4912742.35	中校	大校	10000
102010****	易持激进一号	4846627.78	士兵	大校	2000

续表

资产账号	选手	累计盈利额（元）	历史最高军衔	第十二届军衔	晋衔奖金（元）
271****	诚远进取	4808238.48	少校	上校	1500
1365161****	香草拿铁一下糖	4779523.24	士兵	上校	2000
1138500****	卧雪眠云01	4748698.66	士兵	上校	2000
7285002****	燎原	4748075.69	士兵	上校	2000
1301020****	小史	4717930.53	士兵	上校	2000
2072010****	顺然共赢2号	4618653.91	士兵	上校	2000
876****	韭菜	4617177.92	中校	上校	10000
1071662****	乐珂稳健1号	4521330.49	士兵	上校	2000
181351****	懋良锐狮	4452209.69	士兵	上校	2000
101060****	苏格拉底与猫	4414142.5	士兵	上校	2000
7252601****	传奇量化全品种	4365347.37	士兵	上校	2000
17123****	瑞兰10号	4304095.87	士兵	上校	2000
880****	种子三号基金	4208258.45	少校	上校	—
773080****	康宝亮资产捌号	4186301.04	士兵	上校	2000
10611****	简诺投资	4168723.24	中校	上校	1000
20588****	理发师章位福	4147670.13	少校	上校	1500
19999800****	嘉星飒露紫	3979072.04	士兵	上校	2000
155****	庞钫铭	3976002.94	士兵	上校	2000
9008****	荃加福	3887550.09	士兵	上校	2000
1298501****	鑫享世宸量化CTA1号	3864789.82	中校	上校	1000
851****	奥利奥	3852320.66	少校	上校	15000
220****	降服妖孽1	3846942.36	中校	上校	1000
1370370****	黄建中1号	3843390.5	士兵	上校	2000
871****	东航现金	3783276.33	少校	上校	15000
1101560****	翼品周鑫	3754640.43	士兵	上校	2000
11699****	瑞兰1号	3730117.83	士兵	上校	2000
13910399****	宝盈0号	3688992.96	士兵	上校	2000
875****	小呆瓜	3628698.2	士兵	上校	20000
870****	横	3560590.05	士兵	上校	20000
2091681****	中盛晨嘉	3536134.25	士兵	上校	2000
1370159****	伊斯坦布尔之夜	3519828.23	士兵	上校	2000
1010900****	周鑫翼品	3448391.23	士兵	上校	2000
20588100****	宝盈9号	3448101.54	士兵	上校	2000

续表

资产账号	选手	累计盈利额（元）	历史最高军衔	第十二届军衔	晋衔奖金（元）
2071030****	元鼎五号	3351729.6	中校	上校	1000
177908000****	显得辛亚量化2号	3254768.46	士兵	上校	2000
780****	Victory	3173352.13	少校	上校	15000
20588100****	碎石大湿胸	3128815.85	士兵	上校	2000
7890120****	浩源	3126724.03	士兵	上校	2000
858****	zhuo138	3122611.23	中校	上校	10000
123286****	水尚融茗续	3115419.6	士兵	上校	2000
659980****	土土	3102045.65	中校	上校	1000
203****	Mr Wen	3100339.51	士兵	上校	2000
20586007****	浙江和熙资本	3088301.46	少校	上校	1500
20588100****	鼋石马修	3067188.16	少校	上校	1500
1872800****	叶	3058252.37	中校	上校	1000
21329****	夺冠星海如意	3047423.06	士兵	上校	2000
1358881****	合益777	3036479.47	士兵	上校	2000
13091259****	神禹1号	3025714.8	士兵	上校	2000
177800100****	jfc2	3012814.76	中校	上校	1000
18566606****	远澜红松	3004589.8	中校	上校	1000
6056000000****	联唐一号	2990040.7	士兵	中校	1000
1326688****	传奇量化小周期	2971342.84	士兵	中校	1000
213****	华丰	2966060.2	士兵	中校	1000
20810050****	圣诞老人	2950241.76	少校	中校	500
13910120****	KY-LPC	2899000.84	少校	中校	500
76577****	掘金希望量化	2883545.78	士兵	中校	1000
18781****	瑞兰4号	2868229.79	士兵	中校	1000
1681710****	新容量化	2861973.63	少校	中校	500
7890200****	京华龙稳健4号	2848664.85	士兵	中校	1000
1100360****	老高6号	2821726.65	少校	中校	500
108000****	人机结合赚贝	2807428.59	少校	中校	500
89050****	高乐高	2801680.09	士兵	中校	1000
22062000****	百年变局	2782982.33	士兵	中校	1000
1326688****	乐丁	2782477.48	少校	中校	500
265200****	宝盈10号	2779327.86	士兵	中校	1000
1297101****	牛奶	2740197.75	士兵	中校	1000

续表

资产账号	选手	累计盈利额（元）	历史最高军衔	第十二届军衔	晋衔奖金（元）
1081290****	21点精英5号	2723665.59	士兵	中校	1000
22333****	哈爱好哈1	2707352.79	少校	中校	500
1951216****	般若8	2704794.56	士兵	中校	1000
7890120****	交易之道-不败	2642205.01	少校	中校	500
1359201****	正则1号	2626695.81	士兵	中校	1000
20825718****	翼品致远3号CTA	2619514.4	士兵	中校	1000
13091259****	日昇汇五号	2613469.33	士兵	中校	1000
1363011****	tuohuangniu	2602307.39	少校	中校	500
1359201****	卡卡style	2601131.32	士兵	中校	1000
7890105****	木易滨	2590502.37	士兵	中校	1000
171003****	瑞兰2号	2527781.07	士兵	中校	1000
89360****	宝盈6号	2522572.77	少校	中校	500
878802****	星之光钻石	2511577.26	士兵	中校	1000
529070****	京华龙CTA1号	2488935.81	士兵	中校	1000
810****	扫地曾	2484113.8	士兵	中校	10000
1138159****	交易钓手9	2468578.99	士兵	中校	1000
876****	宁静1	2463079.42	少校	中校	5000
1071663****	乐珂稳健3号	2459347.93	士兵	中校	1000
79600****	雅典娜的神殿	2421467.41	士兵	中校	1000
10611****	清心淡雅	2411635.63	士兵	中校	1000
20588100****	流水不争先1	2399916.73	士兵	中校	1000
20588100****	毛主席说我丑哦	2396545.17	少校	中校	500
7890200****	京华龙CTA2号	2390696.34	士兵	中校	1000
123286****	盘前计划2	2379707.17	士兵	中校	1000
13910120****	满头大汗慢慢干	2345531.33	士兵	中校	1000
5199982****	厚德载物	2334235.84	士兵	中校	1000
880****	平福1号	2279165.31	士兵	中校	10000
1326688****	三舍	2279062.97	士兵	中校	1000
877****	Slice	2241905.68	士兵	中校	10000
13910120****	KY-开元通宝壹号	2237996.66	士兵	中校	1000
20810010****	毓颜平福1号	2222490.88	少校	中校	500
7252600****	传奇量化超组2	2195843.54	士兵	中校	1000
2193575****	yufeng777	2194548.59	士兵	中校	1000

续表

资产账号	选手	累计盈利额（元）	历史最高军衔	第十二届军衔	晋衔奖金（元）
123310****	山虎	2193816.83	士兵	中校	1000
189833****	交易钓手6	2187765.95	士兵	中校	1000
76373****	诺亚方舟	2176877.41	士兵	中校	1000
189867****	久银CTA量化5号	2170286.57	士兵	中校	1000
659980****	光辉岁月1	2134273.87	士兵	中校	1000
771095****	新容量化2号	2106317.57	士兵	中校	1000
7890103****	ovvea888	2099238.13	士兵	中校	1000
13091259****	日昇汇二号	2085261.9	士兵	中校	1000
7250180****	泽鸣资管1期	2064205.39	士兵	中校	1000
7252601****	传奇量化小周期2	2017426.28	士兵	中校	1000
180170****	合顺21号	2012882.14	士兵	中校	1000
15581****	JBW—勤	2009867.91	士兵	中校	1000
871****	顺道	2008032.95	少校	中校	5000
876****	期货有点难	2005367.73	少校	中校	5000
1230****	破茧成蝶12	2004833.36	士兵	中校	1000
7890018****	九个果子	1979232.8	士兵	少校	500
878801****	书院1号	1956092.95	士兵	少校	500
1359521****	圣诞新人	1946667.42	士兵	少校	500
22811800****	南侠	1942397.27	士兵	少校	500
297****	全国第三	1923306.83	士兵	少校	500
9355****	兼济	1919944.98	士兵	少校	500
13910260****	期海遨游888	1906739.06	士兵	少校	500
770****	庆航	1905683.6	士兵	少校	5000
6928****	昭鹿03	1880232.23	士兵	少校	500
18308****	泽鸣资管	1878231.16	士兵	少校	500
16110110****	冒泡泡	1876812.13	士兵	少校	500
277****	久银量化CTA	1872921.61	士兵	少校	500
110778****	王者之剑程序qq16681545	1865076.77	士兵	少校	500
20588100****	老高7号	1832462.59	士兵	少校	500
1637****	希磬投资	1791076.58	士兵	少校	500
10681****	谦时资本	1788166.47	士兵	少校	500
76501****	小说人生	1786781.39	士兵	少校	500
851****	心灵.蜗牛	1770882.32	高级士官	少校	5000

续表

资产账号	选手	累计盈利额（元）	历史最高军衔	第十二届军衔	晋衔奖金（元）
277****	久银量化CTA01	1770548.45	士兵	少校	500
872****	数字游戏	1763778.29	士兵	少校	5000
89050****	开心的树叶	1760521	士兵	少校	500
19999800****	嘉星枪神	1738624.49	士兵	少校	500
689800****	段力铭281426351	1726040.61	士兵	少校	500
1608118****	道氏学会	1720578.78	士兵	少校	500
76211****	恩泽1号证券投资私募基金	1719311.28	士兵	少校	500
2031102****	东北角1	1712769	士兵	少校	500
7890105****	信仰的力量	1710343.34	士兵	少校	500
810****	以终为始	1708176.18	士兵	少校	5000
111800****	康师傅冰红茶	1666209.5	士兵	少校	500
1298501****	濡圣领航	1659191.65	士兵	少校	500
1359301****	猫头	1658729.16	士兵	少校	500
276****	朝晖	1654543.13	士兵	少校	500
872****	云林	1653400.05	士兵	少校	5000
1359551****	老白干03	1626003.34	士兵	少校	500
12581807****	不忘初心	1625484.46	士兵	少校	500
873****	每年都赚钱	1623884.11	士兵	少校	5000
8910770****	韩向攀	1618164.31	士兵	少校	500
1358877****	畅爽1号	1604071.83	士兵	少校	500
13910120****	unke-激进	1601408.64	士兵	少校	500
76307****	大禹	1578574.11	士兵	少校	500
7252601****	七禾科技传奇壹号	1562218.3	士兵	少校	500
872****	自强不息	1560175.98	士兵	少校	5000
12580606****	合顺CTA精英1号	1555192.4	士兵	少校	500
1370582****	壹零壹零	1554501.13	士兵	少校	500
1668190****	不期而遇	1550505.12	士兵	少校	500
1100161****	Turtle0517	1544300.51	士兵	少校	500
1138100****	天策宏观	1529242.94	士兵	少校	500
1326688****	传奇量化超组	1522918.09	士兵	少校	500
20810010****	山量奥里给	1501445.3	士兵	少校	500
213****	gupiao1004	1489100.27	士兵	少校	500

续表

资产账号	选手	累计盈利额（元）	历史最高军衔	第十二届军衔	晋衔奖金（元）
2911088****	亿佳信价值1号	1471590.45	士兵	少校	500
870****	白昼流星-生生基金	1452335.5	士兵	少校	5000
76279****	王卿⑧号模组	1448187.14	士兵	少校	500
162903000****	沧瓴量投	1439837.02	士兵	少校	500
1361200****	马基雅维利	1432047.34	士兵	少校	500
177854100****	知途	1425319.05	士兵	少校	500
1822012****	兄弟7号	1424764.01	士兵	少校	500
1298401****	大信	1398277.39	士兵	少校	500
708****	期货价值投资者	1398088.6	士兵	少校	500
1326888****	期货交易人员就是骗子	1391680.53	士兵	少校	500
1358873****	江浩	1378273.73	士兵	少校	500
111900****	刘筱白	1377635.44	士兵	少校	500
872****	1234567	1375877.51	士兵	少校	5000
15677****	老白干中期	1364202.02	士兵	少校	500
20588100****	传奇量化黑色	1348335.66	士兵	少校	500
851****	HZDHDCZC	1347653.42	士兵	少校	5000
7890021****	成金	1345818.09	士兵	少校	500
1298501****	海证致优投资	1345656.68	士兵	少校	500
22388****	xuanfmay	1342510.5	士兵	少校	500
13091259****	日昇汇六号	1331653.02	士兵	少校	500
1365121****	蝉	1329358.95	士兵	少校	500
198180****	喜鹊套利二号	1324523.44	士兵	少校	500
1365201****	严新刚-对冲1号	1318541.88	士兵	少校	500
13910120****	KY-笃诚星火一号	1302312.09	士兵	少校	500
20588100****	流水不争先2	1293950.38	士兵	少校	500
110011****	套利	1293585.79	士兵	少校	500
528003****	阿豹（新户）	1274728.55	士兵	少校	500
2193575****	一只小蜜蜂777	1272252.22	士兵	少校	500
20810160****	逝去的亮光	1259805.75	士兵	少校	500
528005****	抱一守中	1256124.61	士兵	少校	500
793****	艰难的小鱼	1242874.61	士兵	少校	5000
20588100****	泉水叮咚	1231862.22	士兵	少校	500

续表

资产账号	选手	累计盈利额（元）	历史最高军衔	第十二届军衔	晋衔奖金（元）
701****	云卷云舒	1221153.55	士兵	少校	5000
111200****	克1	1220101.33	士兵	少校	500
1010800****	JackLi	1219915.4	士兵	少校	500
20820230****	不胜寒	1215204.12	士兵	少校	500
871****	寂寞之狐	1214140.9	士兵	少校	5000
22032000****	yh1616	1207443.65	士兵	少校	500
707****	wby	1205482.81	士兵	少校	5000
20820270****	摸猫王	1200080.83	士兵	少校	500
1668160****	截拳道量化1号	1195395.9	士兵	少校	500
1326688****	德航启元	1193188.5	士兵	少校	500
871****	水平不行	1185037.84	士兵	少校	5000
20588100****	笃行致远	1158714.74	士兵	少校	500
181001****	曦琳凯轩	1157031.54	士兵	少校	500
171003****	天祈一号	1153445.74	士兵	少校	500
871****	丹夏资本	1153234.78	士兵	少校	5000
2061300****	中舍钱江1号	1144408.41	士兵	少校	500
11699****	瑞兰6号	1143933.23	士兵	少校	500
7252300****	6636	1139858.3	士兵	少校	500
15688****	AA雷神	1138426.9	士兵	少校	500
13910120****	让子弹飞-KY（过渡）	1135142.59	士兵	少校	500
17611019****	百香果1号	1123995.33	士兵	少校	500
875****	小虾米	1123276.36	士兵	少校	5000
1359521****	小卢	1119876.8	士兵	少校	500
2197904****	老驴	1119502.23	士兵	少校	500
870****	raul	1116907.41	士兵	少校	5000
1567****	jfc	1115610.94	士兵	少校	500
7252202****	战神一梦	1107837.87	士兵	少校	500
12908****	铅笔画	1103120.17	士兵	少校	500
221****	汇融-湖湘1号	1092778.99	士兵	少校	500
528007****	willan1	1091211.89	士兵	少校	500
110091****	雄鹰展翅9	1088135.46	士兵	少校	500
185****	狗庄	1080899.11	士兵	少校	500
2093030****	恩泽7号	1080491.03	士兵	少校	500

续表

资产账号	选手	累计盈利额（元）	历史最高军衔	第十二届军衔	晋衔奖金（元）
2072010****	随缘拾得1	1078752.87	士兵	少校	500
1359231****	摩旗摩方	1077715.13	士兵	少校	500
2061270****	ovvea555	1071678.98	士兵	少校	500
1669720****	杭州波粒二象特罗1号私募证券投资基金	1070322.97	士兵	少校	500
15581****	JBW-老板娘	1070194.33	士兵	少校	500
15810100****	钢之炼金术师	1064777.91	士兵	少校	500
15675****	平湖习剑	1060662.17	士兵	少校	500
276****	润泽	1060456.87	士兵	少校	500
601****	陈光虎	1044070.78	士兵	少校	5000
110081****	老姜	1040942.71	士兵	少校	500
15509****	赚呗投资-长枪	1028022.5	士兵	少校	500
870****	月季阳J	1026376.13	士兵	少校	5000
1326688****	传奇量化中性	1011020.63	士兵	少校	500

注：依据比赛规则，晋衔奖"累计盈利额"自2010年持续累计统计，颁发当年衔级较历史最高衔级晋升的选手，当年参赛时间不少于3个月方可参与。盟军选手所获奖金为常规军种的10%。

"蓝海密剑"中国对冲基金经理公开赛竞赛规则、参赛指南、奖项设置等赛况详情，请见"蓝海密剑"实盘大赛官网：http://www.lhmj.org/

"蓝海密剑" 2021中国私募基金创富榜参赛规则及相关说明

一、大赛规则

1. 参赛条件

大赛面向全市场私募基金机构管理的私募产品，不指定托管人或经纪商。参赛者需符合以下条件：

(1)参赛机构需为中国证券投资基金业协会登记备案的私募基金管理人；参赛产品在参赛前已完成在中国证券投资基金业协会的备案。

(2)同一参赛机构最多可以报名8个产品进行比赛，同一组别下同一机构最多可以报名3个产品进行比赛。

(3)产品规模需在1000万元以上。

2. 比赛时间

以年为周期，连续循环，成绩计入蓝色档案。

3. 报名方式

网上Web端活动页面报名。

手机移动端H5页面报名。

随时可以报名。

4. 参赛须知

(1)主办方会根据报名情况对拟参赛的机构及产品进行审核，并反馈是否报名成功。

(2)管理人报名参赛即视为其已承诺将如实填报管理人信息及净值等数据。

(3)参赛机构应于周三(节假日顺延)17：00前到大赛指定平台录入上周最

后一个交易日的累计单位净值等数据。主办方工作人员将会对净值进行审核，因参赛私募报送错误或不及时产生的排名误差，参赛私募自行负责。

(4)大赛期间收益率为负的产品，不参与年度获奖评选。

(5)参赛私募机构自负盈亏，需保证报送的数据及时准确全面，同时应签署授权书，授权主办方及联合主办方获取比赛相关数据，并可在官网、微信、微博、APP等其他系统中进行合规宣传或披露。

(6)2021年1月1日前报名的产品，以去年12月31日的净值等数据为初始成绩；2021年1月1日起报名的产品，以报名后录入的最早净值等数据为初始成绩。

(7)每季度后，排行前三名的参赛机构，应主动提交经托管人确认的季度净值数据到大赛指定邮箱(lhmj@kiiik.com)，以便大赛组委进行核对。

(8)参赛产品要求真实有效，且持续净值更新。若经大赛组委核实净值有误，或净值一个月以上未更新，主办方有权取消参赛者参赛资格。

(9)东航金控种子基金，将对部分参赛私募机构的产品进行跟投或合作发行产品。投资前，私募机构需与资方进行商务洽谈。

(10)本次比赛为私募机构实盘交易比赛，参赛机构自行交易，所有交易须遵守相关法律法规。若主办机构发现或有人举报，经核实认定参赛机构确有舞弊行为或操纵市场等嫌疑的，立即取消参赛机构的参赛资格；由此产生的一切后果由参赛机构承担。

(11)机构参与比赛，则视为同意东航期货、云纪网络获得及使用机构按大赛要求提供的所有数据。当主办方提出查验数据真实性时，参赛机构应当配合提供比赛期间的经托管人盖章的相关数据。如果查验数据发现虚假数据或未配合主办方提供托管人盖章的数据，则不予以榜单排名。

(12)本次比赛排名收益率仅供参考，不构成任何投资建议。

(13)比赛结束后，主办方将以电话或电子邮件方式通知获奖机构的报名联系人，若无法与获奖机构的联系人取得联系，则视为获奖机构自动放弃获奖权益。

二、比赛分组策略

1. 股票策略
主要投资于股票市场,且总头寸占比超过 60%。

2. 对冲策略
同时持有资产相关、规模相当的多空头寸策略,且总头寸占比超过 60%。

3. CTA 及衍生品策略
主要投资于商品及金融衍生品,且投资比例超过 60%。

4. 混合策略
采用多种投资策略,且每种策略的投资比例不超过 60%。

5. 其他策略
包括固收、日内等其他各种策略。

三、评分方法

1. 评比规则
大赛将按照股票策略、对冲策略、CTA 及衍生品策略、混合策略及其他策略共 5 项策略进行评比。每周三晚(节假日顺延)更新综合排名。

2. 评分方法
主办方根据产品参赛期间的净收益率,以及年化夏普比率、最大回撤等风险调整指标综合评价产品的表现,同时主办方专家评审结合产品规模、当赛季累计收益额、参赛时长、管理人在参赛期间的整体表现等情况进行综合打分(见下表)。

评分权重表

	维度	权重
综合评分	参赛期间净收益率	40%
	年化夏普比率	20%
	参赛期间最大回撤	20%
	专家评审	20%

四、奖项设置规则及比赛奖励

1. 奖项设置规则

组委会根据参赛策略分设年度前三奖项，排名前位的机构有机会获得种子基金支持及商务合作机会。参赛策略报名后当赛季内不得更改。获奖产品当赛季须盈利为正。

2. 比赛奖励

获奖机构和产品有机会获得如下奖励：

(1) 东航金控十亿种子基金跟投；

(2) 东航金控、东航期货白名单准入资格；

(3) 入选东航金融推广渠道精选产品名单；

(4) 媒体宣传推广及基金经理专访；

(5) 参加线下资金对接会；

(6) 受邀参加"蓝海密剑"中国对冲基金公开赛颁奖典礼、年度策略闭门会议；

(7) 恒生子公司云纪网络全面系统服务(CBS)，支持资产管理、风险控制等；

(8) 程序化产品有机会使用交易所机房托管服务，享受高速交易通道。

五、风险免责说明

(1) 本次比赛参赛机构自行交易，所有交易须遵守相关法律法规。参赛机构如有舞弊行为或操纵市场等行为，立即取消参赛机构的参赛资格，由此产生的一切后果由参赛机构承担。

(2) 本次大赛组委会将本着勤勉尽职的态度竭力保证大赛的顺利进行，但不对参赛产品的任何投资风险、投资损失承担任何责任，也不对因不可抗力的因素或非主办机构所能控制的情况所导致的任何风险、系统故障或由于网络问题导致的系统故障等原因对参赛选手收益率及排名产生的影响等承担任何责任。

(3) 参赛产品管理人应就产品参赛事宜向产品持有人进行披露并获得同

意，管理人因产品参赛事宜与产品持有人发生的纠纷与大赛主办方无关，所有纠纷及其产生的一切法律和经济责任均由产品管理人自行承担。

(4)本次比赛的最终解释权归大赛主办方所有，主办方有权根据实际情况对大赛规则进行修改或调整，并通过相关途径进行公告。